供给侧结构性改革背景下的大学生就业研究

吴桂彬　著

延边大学出版社

图书在版编目（CIP）数据

供给侧结构性改革背景下的大学生就业研究 ／ 吴桂彬著. -- 延吉：延边大学出版社，2022.9
ISBN 978-7-230-03825-6

Ⅰ．①供… Ⅱ．①吴… Ⅲ．①大学生－就业－研究 Ⅳ．①G647.38

中国版本图书馆 CIP 数据核字(2022)第 167922 号

供给侧结构性改革背景下的大学生就业研究
——

著　　　者：吴桂彬
责任编辑：乔双莹
封面设计：李金艳
出版发行：北京人文在线文化艺术有限公司
社　　　址：吉林省延吉市公园路 977 号　　　邮　　编：133002
网　　　址：http://www.ydcbs.com　　　E-mail：ydcbs@ydcbs.com
电　　　话：0433-2732435　　　传　　真：0433-2732434
印　　　刷：三河市龙大印装有限公司
开　　　本：710×1000　　1/16
印　　　张：12
字　　　数：200 千字
版　　　次：2023 年 1 月 第 1 版
印　　　次：2023 年 1 月 第 1 次印刷
书　　　号：ISBN 978-7-230-03825-6
——

定价：68.00 元

前　　言

实行供给侧结构性改革，是我国转变经济发展方式、适应经济发展新常态的必然选择，以实体经济，特别是以制造业为重点。要振兴我国实体经济，就要建造一支高素质的劳动者队伍，加大对人力资本的投入，建设知识型、技能型、创新型劳动者大军。

大学生是未来劳动者队伍中的中坚力量。努力实现更充分的就业，推动实现更高质量的就业，做好以大学生为重点的青年就业工作，是实现供给侧结构性改革的一大重点。当前，国内经济趋稳但基础还不够稳固，劳动力供给需求不平衡、不协调的问题逐渐凸显，供给侧与需求侧的脱节错位现象突出，在供给侧结构性改革的背景下，对大学生就业的情况进行研究具有重要的现实意义。

本书针对我国大学生就业的特点、问题及其相关内容，对当代大学生就业提出了符合供给侧结构性改革背景需求的理论探索。本书共分为五章：第一章对供给侧结构性改革与我国大学生就业进行了概述；第二章分析了供给侧结构性改革背景下影响大学生就业的因素；第三章对供给侧结构性改革背景下大学生的职业发展进行了研究；第四章论述了供给侧结构性改革背景下大学生就业的准备工作；第五章对大学生就业新选择——创业进行了简要论述。

笔者在编写本书的过程中，搜集、查阅和整理了大量文献资料，在此对学界前辈、同人和所有为此书编写工作提供帮助的人员致以衷心的感谢。由于笔者能力有限，编写时间较为仓促，书中难免有错漏之处，还请广大读者给予理解和不吝指教！

吴桂彬

2022 年 6 月

目　　录

第一章　供给侧结构性改革
与我国大学生就业概述

第一节　供给侧结构性改革概述

2015 年 11 月，习近平在中央财经领导小组（今中央财经委员会）第十一次会议上提出："在适度扩大总需求的同时，着力加强供给侧结构性改革，着力提高供给体系质量和效率"，第一次明确提出了供给侧结构性改革的概念。2015 年 12 月 18 日至 21 日召开的中央经济工作会议，将 2016 年的年度任务归结为去产能、去库存、去杠杆、降成本、补短板五大任务，这实际上也是供给侧结构性改革的任务。2016 年 12 月 14 日至 16 日召开的中央经济工作会议，强调继续深化"三去一降一补"，以此为抓手，深入推进供给侧结构性改革。2017 年 10 月召开的党的十九大，将深化供给侧结构性改革作为建设现代化经济体系的重要内容。

一、供给侧和结构性改革的相关概念

供给侧，顾名思义与供给相关。宏观意义上的供给是指市场上所有生产者在某一时期所能提供的产品或者服务的总和。与之相对的概念是需求，它是指市场上消费者在某一时期对产品的需要量。供给与需求共同构成市场的两个基

本方面，二者共同决定和均衡产品价格。在理想状态下，供给与需求能够通过价格的变动实现自动匹配，达到市场出清状态①，保证资源得到充分利用，既无多余供给，也无多余需求。但是在现实中，除极少数市场基本符合这一特征外，多数产品市场受到信息反馈不完全、生产周期长、进入门槛高、过剩产能退出难度大等因素的影响，供给和需求无法及时达到出清状态。

供给侧是指产品或者服务的供给方，涉及劳动、资本、技术等要素及相关制度等一系列因素。与之相对的需求侧是指产品或者服务的需求方，涉及消费能力、消费欲望以及促进消费的相关政策与制度等一系列因素。具体来说，供给侧包括两大方面：一是要素投入，如土地、劳动、资本等生产要素投入；二是全要素生产率提高，主要由制度变革、结构优化和要素升级来推动。在要素投入中，部分要素投入的增加会对应供给效率的提升，如企业家才能要素投入的增加，往往能够带来要素组合效率的提升和创新能力的提高，而不仅仅是供给规模的增大。但是，通常来说，要素投入主要是指土地、劳动、资本等的投入，因而投入增加的主要结果还是供给规模的增大。而全要素生产率的提高，主要由包括技术创新、组织创新、制度创新在内的广义创新推动，它实质上反映了供给在质上的提高。另外，供给侧还暗含了主体发展、产业发展等方面的内容。主体发展主要是劳动力、企业家等经济参与主体素质和积极性的提高。产业发展可以分为两个层次：一是同一产业内部结构的优化提升，主要表现为产业向产业链两端（研发和营销）发展，产品或服务的档次和附加值快速提升等；二是不同产业之间的结构性优化，即技术密集型产业比重上升，劳动密集型产业比重下降。

---

① 所谓市场出清，是指在充分灵活的价格机制下，供给与需求将迅速达到均衡状态。这实际上是一个理想状态，仅仅适用于股市等少数市场，对绝大多数的产品市场是不适用的。

结构性改革，就是主要针对经济中存在的结构性问题而进行的改革。在市场竞争中，各国都不同程度地积累了结构性问题，这些问题在较大程度上影响着经济的持续健康发展。以我国为例，我国经济的诸多方面都存在着结构性问题：一是供需结构性失衡问题，主要表现为低层次产品供给数量过剩和高层次产品供给不足；二是产业结构失衡问题，主要表现为优势产业集中在劳动和资本密集型产业或者高新技术产品的加工组装环节，高端产业发展不足；三是地区结构失衡问题，主要是中西部地区和东部地区发展存在较大差距；四是收入结构失衡问题，主要表现为收入和财富差距较大，不利于经济可持续发展。这些结构性问题，都是在较长发展进程中逐步积累下来的，需要在较长时间内逐步予以解决。

供给侧结构性改革就是与需求管理政策相对应的，以供给侧为重点而实行的，以供给效率提升为目标的相关改革。供给侧结构性改革是一个非常宽泛的概念，它所涵盖的范围很广，基本上能将现在所进行的改革都囊括其中，只是政策着眼点在于供给侧。供给侧结构性改革的内容可以总结为以下两个层次：一是针对供给侧中突出的、必须尽快解决的问题，提出的应对性改革措施。这些问题如果不尽快解决，就会影响即期经济增长，并可能持续累积到一定程度后成为难以根治的顽疾。例如，去产能、去库存、去杠杆，实际上就是这样的一类问题。为了在短期内缓解或者解决这类问题，改革所提出的很多措施其实是短期性措施，如对新增项目的行政控制、对产能过剩的企业和政府部门的扶持等。这些短期性措施的效果只能"治标"，无法深入这些问题背后的核心因素。二是通过供给侧结构性改革推行的针对经济发展的深层次矛盾的相关措施。这些措施往往难以在短期内见效，而是需要分阶段实施，能够逐步解决影响我国未来经济转型发展的深层次矛盾。例如：在供给侧结构性改革中，处理好政府职能的完善与市场在资源配置中决定性作用的关系；在去产能进程中，深入研究过剩产能产生背后的体制、机制性因素；等等。

二、供给侧结构性改革与需求管理政策的差别

第二次世界大战之后，世界各国的经济调控措施，以需求管理为主，即通过扩张性的财政政策、货币政策及促进消费的收入政策、税收政策等，促进总需求的扩大，进而拉动经济增长。需求管理政策以凯恩斯主义为基础。在1929—1933年波及整个资本主义经济体系的经济危机的背景下，凯恩斯主义因能有效应对危机而受到各国的青睐，并逐渐在第二次世界大战后成为西方经济学主流学派。凯恩斯主义在西方发达国家的普及在很大程度上使这些国家在第二次世界大战之后经历了近30年的经济发展黄金期。直到20世纪70年代中期，各国普遍出现了"滞胀"现象，凯恩斯主义的影响力逐渐减弱，但是在应对危机或者希望提高经济增速时，世界各国都还是不约而同地采取以凯恩斯主义为基础的需求管理措施。

与需求管理政策将扩大需求作为政策锚定核心不同，供给侧结构性改革的着眼点在于解决供给侧方面存在的突出问题，推动供给效率的提升。

整体来说，供给侧结构性改革和需求管理政策具有较大的差别，具体体现在以下几个方面：

一是政策的着眼点不同。以凯恩斯主义为代表的需求管理理论，将需求作为核心因素，其政策着眼点在于扩大需求量，而对供给因素则相对重视不足。在实际执行政策的过程中，各国以财政、货币政策为主要手段，努力拓展需求量以便为经济发展提供新的拉动力，最终使得供给和需求在不同程度上失衡，并造成凯恩斯主义无法解决的"滞胀"现象。

而供给侧结构性改革则着眼于供给侧存在的结构性问题，通过广泛的改革措施，提高全要素生产率，提升供给效率，在此基础上逐步满足人们的差别性需求和对产品与服务档次不断提升的需求，进而推动经济结构的转型。随着经

济的发展和人们收入水平的提高，人们的需求档次不断提升。在这种情况下，只有从供给侧着手，依托技术创新等手段促进供给效率不断提高，才能适应这一需求变化，并最终促进供给和需求达到较高层次的均衡。可以看出，供给侧结构性改革不但不会忽略需求，而且会高度重视需求的变化。同时，供给侧结构性改革也强调要重视与需求管理的协同，不会片面地强调供给，以免造成供给与需求的失衡。

二是政策的复杂性不同。根据凯恩斯主义的相关理论，需求管理政策主要强调在经济紧缩时期，实施扩张性的财政政策和宽松的货币政策，而在经济高涨时期，则逆向操作。扩张性的财政政策主要包括增加财政支出和减税，而宽松的货币政策则包括降低利率、下调银行准备金率等。两者相比较，财政政策见效较快，而货币政策相对要慢，因此凯恩斯主义更加强调财政政策的作用。在各国实践中，实际又引申出许多更为细致的措施，因此需求管理的相关政策比理论更为复杂一些。

但是，与需求管理政策相比，供给侧结构性改革更加复杂。供给侧结构性改革高度强调"供给效率提升"，这意味着供给侧结构性改革并非简单地追求供给量的变动，而是更加强调供给在质上的改变，或者说供给侧的产品或服务档次、种类、科技含量、附加值以及生产过程的绿色性的提升。在政策的构成方面，供给侧结构性改革比需求管理政策更为复杂，因为供给侧所涉及的因素众多，不同的产业以及同一产业在不同地区的发展情况不同，导致相关政策因时、因地、因产业而呈现出较大差异，最终使得整体的供给侧结构性改革政策体系愈加复杂。特别是像我国这样的后发型国家，在经济发展进程中积累了较多矛盾，需要在经济步入新常态后，处理好解决供给领域突出矛盾和保持经济较高速度发展的关系，平衡供给侧短期利益和长期利益，因而相关改革所涉及的因素十分复杂。

三是政策影响的深度不同。按照凯恩斯主义的理论，需求管理政策基本上都是以短期政策为主的，追求在短期内立竿见影，对经济的长期发展则重视不足。需求管理政策在实施的过程中经常以"应对性措施"的面目出现，高度强调政策的短期效果。有时在经济呈现急剧萎缩趋势时，政府会在短期内密集出台一系列调控措施。但是，由于政策效果的时滞性问题，这些政策本身也会带来副作用。随着各国政府意识到凯恩斯主义的不足，在出台需求管理政策时，往往也会出台一些对长远经济发展有促进作用的政策。例如，在推动经济发展方面作用越来越突出的技术创新因素在这些政策中受到的重视程度不断增强。在 2008 年美国爆发金融危机并引发全球性经济危机后，世界各国出台的以凯恩斯主义为基础的需求管理政策，不约而同地将促进技术创新及培育新兴产业作为政策重点。

与需求管理政策相比，供给侧结构性改革更加注重政策短期效果与长期效果的平衡。从供给侧所包含的内容和供给侧结构性改革追求的供给效率提升的目标来看，供给侧结构性改革高度强调通过解决当前阶段存在的主要问题，将容易解决的显性问题首先解决，然后逐步深入解决经济体系内的深层次矛盾。这样，既解决了当前经济发展的问题，又为长期的经济健康发展创造了条件。从政策本身的特性来看，与需求管理政策强调"相机抉择"不同，供给侧结构性改革更强调改革的长期性和动态性，而不容易出现需求管理政策下各种矛盾逐步积累的问题。

当然，必须强调的是，供给和需求其实是硬币的两个面，不能截然分开。供给侧结构性改革和需求管理政策也不能完全分开，不存在纯粹的需求管理政策和完全脱离需求侧的供给侧结构性改革。纵观世界各国出台的各项需求管理政策，均在不同程度上包含了供给侧相关的内容，如需求管理政策中的减税问题，其实也可以看作供给侧结构性改革的内容。

三、供给侧结构性改革的实质

供给侧结构性改革提出的直接背景是长期以来对需求侧管理的单方面强调，造成供求两侧不平衡、不协调，影响了经济健康发展。我国过去施行的宏观调控措施，如财政和货币政策，基本都是以需求侧为出发点，其理论基础是凯恩斯主义强调的需求拉动经济增长的理念。这种侧重需求侧的宏观政策，在我国经济发展过程中起到了重要作用，尤其在经济发展面临困境时，有效地熨平了经济波动，遏制了经济增长过分下滑的趋势，为经济长期快速增长提供了有力支持。但是，在我国经济逐步转型、消费需求不断升级的前提下，长期实行强调需求侧的宏观政策，在一定程度上造成当前阶段我国供给和需求之间的结构性矛盾日益突出。

一方面，强化需求的相关政策，短暂扩大了部分濒临过剩或者已经过剩的产能（库存）的市场需求空间，使得供给侧部分结构性问题更加突出。并非所有产业对需求政策的敏感度都相同，部分产业的投资更容易受到需求政策的引导，而这些产业往往产能（库存）接近或者超过过剩临界点。以我国当前高库存情况比较严重的房地产为例，在房地产价格已经相当高且库存不断攀升的情况下，一旦需求政策（限购政策）有所放开，其价格便依然会呈现攀升趋势，而其供给量也依然可能会继续上升，最终导致房地产库存问题不断恶化。另一方面，以需求侧为出发点的相关政策，无力解决供给侧存在的问题，影响了供给质量与效率的提升，使得消费需求层次不断上升所导致的供给与需求的错位问题长期得不到有效解决。我国供给和需求之间的结构性矛盾突出地体现在大量的产能闲置与高端需求无法通过国内市场渠道得到满足上，最近几年出国购物、海外代购等需求日益增加就是这一矛盾的反映。另外，过去一段时间以来，高强度的需求刺激使得宏观调控体系的可操作空间越来越小，政策刺激的边际效用不断降低。例如，过去形成的与我国偏重需求侧的政策导向相适应的投资主导型经济体系，高度倚重基础设施建设，特别是在 2009 年以来的金融危机应对政策措施中，基础设施投资达到空前规模。从未来的发展趋势看，我国基础设施建设依然有较大的发展空间，但是很难允许经济体系在短期内继续以相同增速持续扩大投资，否则其负面作用可能拖累经济的健康发展，这导致政策的增量空间在不断缩小。

供给侧结构性改革的实质是保持供需两端平衡，提升企业供给效率。从去产能、去库存、去杠杆、降成本、补短板五大任务的实质内容看，其主要针对的是目前突出的、亟待解决的问题。例如，在我国经济增长速度放缓到中高速的前提下，本已十分突出的产能过剩问题将更加凸显。虽然西方发达国家的经验表明，适度的产能过剩是市场经济体系运行的不可避免的结果，但是，我国产能过剩问题并非完全是市场经济自然运行的结果，在很大程度上与政府干预有关，因此需要政策干预介入，才能更好地解决这一问题。当然，我国在之前的宏观调控政策中，针对部分产能过剩问题突出的行业，曾先后出台过一系列的淘汰落后产能及控制总产能的政策，但是在以需求侧为着重点的政策体系内，产能过剩问题很难得到有效解决。而供给侧结构性改革，能够立足产业及企业，采取对供给方影响更直接、更有效的方式解决这一问题。产能过剩实质便是供给能力超出需求的幅度达到了不合理的程度，而化解产能过剩无疑将使得供需更加均衡，避免过量生产所带来的资源浪费，并有效提升各行业的运营效率。再如，最引人关注的降成本问题，其背景便是近几年来，伴随着经济增长的放缓和劳动力成本的不断提高，企业生产成本不断攀升，导致部分企业尤其是制造业企业面临着极其困难的经营环境。通过简政放权、降低税费、完善政府服务环境与效率等一系列供给侧结构性改革相关措施，将有效降低企业生产成本，提升供给效率。

四、供给侧结构性改革与新发展理念

供给侧结构性改革必须以新发展理念作为指导原则，在去产能、去库存、去杠杆、降成本、补短板等具体工作中，全面、有机、综合地体现新发展理念的要求，才能真正提升相关改革的效果，加速经济转型和创新驱动的进程。

（一）供给侧结构性改革应遵循新发展理念

新发展理念是我国在深刻总结国内外发展经验教训的基础上形成的，也是在深刻分析国内外发展大势的基础上形成的。综合来看，我国经济正处于由粗放型经济增长方式向集约型经济增长方式转变的阶段，处于发展动力由要素推动和投资推动向创新驱动转变的阶段，转型发展是未来较长时间内经济发展的主题。新发展理念体现了当前阶段经济转型发展的各方面要求："创新"解决了发展的动力问题，"协调"解决了发展的不均衡问题，"绿色"解决了资源环境问题，"开放"解决了内外联动问题，"共享"则解决了发展进程中的社会公平正义问题。实际上，新发展理念是对我国当前阶段经济发展的全局性指引，经济发展的各个方面及各项具体工作均应以此为指导。

供给侧结构性改革是党中央针对当前我国经济存在的主要矛盾和问题，在需求管理政策与改革的边际效果逐步递减以及供给侧和需求侧存在不匹配的情况下提出的一系列改革举措。从其地位看，供给侧结构性改革与货币政策一样，属于政府调控经济的手段，只是与后者相比，这一改革所涉及的内容更广、相关措施更加复杂、对经济的影响更深远。这就决定了供给侧结构性改革必须遵循新发展理念，唯有如此，才能真正适应经济新常态，使供给侧结构性改革成为实现党中央经济发展战略部署的坚实行动基础。

从新发展理念和供给侧结构性改革的目标导向来看，二者具有高度的一致性。作为一个有机整体，新发展理念系统体现了全面提升经济增长质量的要求。在粗放型经济增长模式下，高速的经济增长与突出的资源环境破坏、发展失衡等一系列问题共存，经济增长的质量不高。创新、协调、绿色、开放、共享的新发展理念，则处处强调经济增长质量的提升。供给侧结构性改革的直接目标是解放和发展生产力，通过相应的改革，不断提升供给侧的全要素生产率，并促进供给与需求的动态均衡。当然，供给侧结构性改革也并非简单地提升生产效率，而是既强调供给又关注需求，既突出发展社会生产力又注重完善生产关系，实际上形成了一个复杂的目标体系。从整体上看，这个目标体系呈现出高度的经济增长质量提升导向，如提高全要素生产率，暗含了通过生产关系调整（如各项政策变动）、生产力进步（核心是技术创新），提高整个经济体的综合生产效率和竞争力，实质上就是经济增长质量的提升。因此，新发展理念和供给侧结构性改革的基本目标导向是一致的，区别在于新发展理念所体现的目标导向更为宏观、体系性更强，而供给侧结构性改革的目标相对更具体。在追求具体目标的进程中很容易出现过分偏重单一目标的情况，这也要求供给侧结构性改革必须严格遵循新发展理念。

（二）供给侧结构性改革必须突出创新发展理念的战略导向地位，紧紧把握时代发展主题

创新是引领发展的第一动力，应摆在国家发展全局的核心位置。不断提升我国自主创新能力，促进产业结构的不断升级和发展模式的逐步转变，是新常态下经济发展的战略任务。供给侧结构性改革也应突出创新发展理念的战略导向地位。

第一，过去以需求侧为主导的相关改革在促进技术创新方面存在不足，需要供给侧相关改革予以配合，形成合力推动创新发展。很长时间以来，创新能

力的提升是我国政策引导的重点，技术创新相关的政策扶持力度大、涉及面广，但是效果还不能令人满意，尤其是在原有政策基础上继续加大扶持力度的增量政策，其边际效应更低。造成这一个问题的根源在于，自主创新能力的提升是一个较为缓慢的过程，需要多种因素的协同作用才能稳步推进。而我国当前技术创新的综合环境还不够完善，需要从供给侧等多方面继续完善相关支撑因素。例如：随着经济发展进入新常态，我国制造业企业面临劳动力成本不断增加、产品价格低迷的情况，使得企业即使具有创新意愿也缺乏相应的资金投入能力；部分行业产能过剩问题严重，过度竞争的行业发展环境严重影响了相应行业的整体盈利能力和利用创新推动产业升级的进程，其中就包括部分政策大力扶持的战略性新兴产业，如光伏产业，出现了在没掌握产业核心技术的情况下，产能就陷入严重过剩的现象。这一系列问题，依靠传统的调控手段已经难以解决，必须在供给侧方面寻求更为广泛的改革，才能真正推进技术创新能力的提升。

第二，供给与需求之间的结构性矛盾，需要通过供给侧方面的创新予以缓解。长期的粗放型经济增长模式，使我国供给体系具备突出的大规模工业化生产特征，而随着与之匹配的模仿型排浪式消费阶段基本结束，供给侧无法适应个性化、多样化和日益高端化的需求变动趋势，供给与需求之间的矛盾正不断加剧。这就要求供给侧结构性改革应以创新发展为战略导向，一方面积极采用物联网、互联网、机器人等现代化生产技术，仿照德国工业 4.0 的发展趋势，探索适合我国国情的现代生产体系，构建适应多样化、个性化需求的智能生产体系；另一方面，加大自主技术创新力度，不断增加新产品的种类，提高产品质量，在高档产品和服务方面不断缩小与发达国家的差距，进而促进我国从经济大国向经济强国转变。

第三，"三去一降一补"工作着眼于当前阶段亟须解决的紧迫任务，实际上服务于经济转型发展和创新驱动战略。"三去一降一补"任务涉及的问题十分突出，如果这些问题不能尽快解决，将会影响我国未来经济的转型和创新驱动战略的实施。例如，房地产去库存问题表面上和经济转型的关系不大，但是，实际上最近十几年房地产价格的快速上涨和房地产行业的迅猛发展，已经对我国经济的转型及创新驱动战略的实施产生了较大影响。房地产价格的迅速上涨，导致企业机会成本迅速上升，使得大量资金从实体经济流出，影响了实体经济的健康发展，并在一定程度上妨碍了技术创新及创新型创业活动。要从根本上解决这个问题，就需要借助去库存的相关措施，加速使房地产回归正常的行业进程，逐步矫正其对经济发展的扭曲，为未来经济转型和创新驱动打好基础。但是，应该看到，"三去一降一补"五项任务所涉及的因素非常复杂，在推进过程中有可能出现与创新发展要求有所不符的现象，这就要求我国必须在此过程中贯彻创新发展理念。

（三）供给侧结构性改革必须注重新发展理念的综合性和全面性，不能有所偏废

除了创新发展理念，协调、绿色、开放、共享理念同样是供给侧结构性改革必须遵循的理念，在实际工作中，必须用联系的观点看待这五个理念，将五者牢牢拧成一股绳，综合、全面地贯彻新发展理念，而不能过分执着于单一或者其中若干理念，而忽略了其他理念。

协调发展的核心在于统筹把握不同领域工作之间的关系，主要体现为城乡之间以及经济建设与社会建设、国防建设等方面的协调。绿色发展的核心在于发展过程中依托技术创新和产业变革，大力促进节能环保、资源节约型产业发展及相关技术的应用普及。开放发展的核心是在利用好两个市场和两种资源的基础上，不断在国际贸易相关规则制定和话语权把握上下功夫，促进我国开放性经济向更高层次发展。共享理念的核心在于让广大群众分享到发展的果实，

使他们在经济不断发展的进程中，感受到生活水平的提高和社会福利的改善。这几大理念和供给侧结构性改革也有紧密联系，如在去产能任务中，就必须高度贯彻绿色发展的原则，尤其是对于高耗能、高污染的相关产业，必须依照这一原则推进相关的工作，而不能以经济增长下降过快等为借口，变相维持落后产能的存在。另外，供给侧结构性改革的各项工作，必须真正综合和全面遵循新发展理念。例如，去产能过程涉及下岗工人问题，如何科学合理地安排下岗，免除下岗工人的后顾之忧，是必须考虑的问题，因此去产能工作除了考虑绿色发展，还需要考虑共享发展等其他方面的理念。

需要注意的是，供给侧结构性改革的具体任务是错综复杂的，如何全面、综合地贯彻好新发展理念，并非一眼就能看透的简单问题，而是需要科学地去研究和部署的。在推动改革之前应全面分析相关状况，系统研究新发展理念如何科学地体现在各项任务之中，并在事中和事后及时根据相关反馈进行重新评估和调整。例如，房地产去库存是一个涉及面广、产生原因复杂的系统性经济难题，如何在此进程中贯彻好新发展理念就需要认真研究。首先，房地产问题不是简单的经济问题，它还涉及社会公平正义和人们的基本生活权利；其次，房地产价格的持续上升有深刻的体制原因，如个别地方政府高度依赖土地财政，而解决这个问题就需要对目前的分税体制进行改革；再次，房地产价格无论上升或者下降，都会引发一些风险，继续上升将会继续吹大泡沫，而价格下降，尤其是过快下降可能对金融体系、经济发展等造成较大影响；最后，不同地区房地产行业发展的情况、主要的矛盾有很大差异。房地产去库存任务的这些特点，就决定了我国必须仔细权衡各大理念，真正在仔细研究之后，确定相关策略。

五、供给侧结构性改革下大学生提升就业能力的重要性

在供给侧结构性改革下，高校引导大学生提升就业能力不仅对大学生增强岗位竞争能力有利，还对大学生缓解就业压力有利。

随着国家提出并不断深入推进供给侧结构性改革，高校提升大学生就业能力已经成为国家推动就业改革的一项重要内容。

具体来说，供给侧结构性改革下大学生提升就业能力的重要性体现在三个方面：第一，大学生提升就业能力对其就业主体性的发挥有利，能促使大学生在人才竞争中更好地发挥主观意识，从而更快地满足就业发展要求；第二，大学生就业能力的提升能增强大学生就业的心理素质，提高大学生进入社会就业之后的适应能力；第三，高校在助力大学生提升就业能力的过程中可增加他们的职业技能。

供给侧结构性改革调整就业、创业结构，使得高校改变人才培养方向，把过去的传统就业理论知识传授变成就业实际能力培养，切实提升大学生就业实践能力。高校在大学生日常的就业教育工作中要多开展就业实训活动，指引大学生大胆尝试，通过实训提升自己的职业竞争能力，从而提升就业能力。

第二节　我国大学生就业的
相关含义与特点

一、就业的含义与特点

（一）就业的含义

"就业"一词在《现代汉语词典》（第7版）中的释义是："得到职业；参加工作。"目前，就业的含义一般可以表述为：劳动者和生产资料相互结合，从事的是相对稳定的社会劳动，也可以从这个稳定的社会劳动中获取一定的劳动报酬的过程。

（二）就业的特点

1.稳定性

稳定性是就业的基本特点。稳定性一般指的是劳动者同一定的生产资料相结合的劳动关系保持一种相互固定或比较稳定的状态。在这种稳定性的影响下，就业就和一般的通过偶然机会获得的社会报酬的劳动相互区分开来。在这里，需要注意的是，随着生产力、生产资料和社会分工的不断发展，劳动者的职业变换频率越来越高。尤其是随着经济结构、就业结构和产业结构变化频率的加快，不可避免地出现劳动者从一个岗位向另一个岗位的转换，甚至是从一个部门向另一个部门的转换。当前，这种变动在每个人的职业生涯中都是十分普遍的。现在人们的职业生涯规划和从前有着很大的区别。从前，人们一开始的工作和最后退休前的工作始终是同一份工作，这是就业稳定性的一种体现。

但是，现在的人们在从事某一份工作的时候，很少"从一而终"，因此有些人认为现在人们的就业不稳定性增加了。这种说法实际上是不正确的，因为就业的稳定性并不是由人们职业变化的多少而定的，就业的稳定性和职业变化的频率没有多大的关系。就业稳定性表现的一般形式是生存依赖关系和劳动合同关系，而这和劳动者的职业变化频率之间并没有紧密的联系。

2.社会性

就业的社会性首先表现为职业的社会性。职业的发展是社会劳动分工日益发达的产物，而社会劳动的分工是社会生产力发展的结果，在某种程度上也是人类社会进步的结果。一定时期内职业选择的种类、数量和就业状况等内容是由一定时期的生产力水平和生产关系来决定的，所以从这个层面上讲，就业表现出一定的社会性。

其次，就业的社会性特点还表现为劳动者和生产资料的社会性，具体表现为劳动者的素质、数量和生产资料的状况等，是一定的生产力水平和生产关系发展的产物。

最后，就业的社会性还表现在劳动者劳动价值的表现——商品上。传统自给自足的农业生产活动，虽然在一定程度上将劳动者和生产资料进行了一定的结合，劳动者从事的是相对稳定的劳动，并能获得一定的劳动成果，但是，这种劳动不是社会劳动，其最终生产的产品不具有商品属性，其劳动成果并不是通过出卖自身劳动获得的，因此这种劳动成果和就业所获得的劳动报酬具有本质差别。也就是说，如果参加劳动只是为了满足自身需要，并未进入市场进行商品交换，其劳动的产物主要用于自给自足，那么这种劳动就不能称为就业。劳动者从事一定的社会劳动，在劳动中能将个人需求和社会价值结合起来，并将个人理想和社会理想结合起来，才是就业活动的意义所在。

3.目的性

任何人选择就业都有一定目的，不同的人在选择就业时都需要考虑其就业的目的，甚至可以说就业的目的在一定程度上就是一个人坚持在这个岗位上或选择这个岗位的重要原因。就业的目的性实际上就是指就业主体在选择某个岗位时的动机或者目的。目前，社会上比较常见的就业动机主要分为两大类：一种是为了获得一定的经济收益，通过获得的这些收益满足自身的生存与发展需求，这种动机有时候也被称为物质财富的追求；另一种是为了获得一定的精神财富，突出表现为增加社会阅历或者获得一定的社会经验，这通常被称为是一种精神财富的追求。当然，有时候有些人在选择工作岗位的时候，可能会同时追求物质财富和精神财富，以便满足自身的发展需求。

二、大学生就业的含义与特点

（一）大学生就业的含义

大学生作为社会中的一个特殊群体，和一般的社会群体存在一定差异，在就业的过程中会出现和一般群体不一样的一些特点，这些特点的存在一定程度上也使大学生就业的含义具有独特性。

大学生有广义和狭义之分。广义上的大学生包括所有具有本科、专科等学历的社会成员；而狭义上的大学生仅指本科或者专科在读的学生以及具有同等学力的在读学生。本书探讨的大学生就业是从狭义上定义的，主要介绍的是那些即将结束学习生涯、走向社会的大学生的职业选择或工作落实情况。

目前，比较通用的"大学生就业"是指"完成学业的大学生，根据国家的相关就业政策规定，依据社会需要以及个人条件，按照某些程序谋得职业，并取得一定报酬或经济收入的一种活动"。所以，大学生就业一般指大学生这个特殊的社会群体在其即将结束学业完全进入社会之际，同一定的生产资料建立生产关系的过程。大学生就业不但具有一般社会群体就业的特点，而且具有其自身的特殊性。

大学生就业具有三个要素：劳动能力、劳动愿望、劳动报酬。如果从这三个要素出发对大学生就业进行相应的界定，那么大学生就业是指大学生在毕业之后运用自己所学的知识或者凭借其掌握的劳动能力，在社会上找到一份工作，从而获得一定的劳动报酬，实现其劳动愿望的过程。

（二）大学生就业的特点

1.大学生就业有一定的时效限制

时效性是大学生就业不同于其他群体就业的主要特点。大学生毕业的时间大多是比较固定、集中的，因此大学生面临着相对集中就业的局面。目前，各高校一般都要求毕业生在离校之前落实工作单位，这在一定程度上也给大学生的就业时间带来了一定的限制。在进行大学生就业制度改革之前，大学生一般面临的都是"统分统配"的局面，国家会在限定的时间内对大学生进行集中分配。随着大学生就业制度的改革，尤其是"双向选择"就业机制的逐步建立和完善，大学生的就业时效期发生了一定的变化，其择业的时间延长到了毕业之后的两年之内。2002年3月2日由国务院办公厅转发教育部等部门的《关于进一步深化普通高等学校毕业生就业制度改革有关问题的意见》文件对此进行了明确规定："完善未就业高校毕业生的有关政策。""学校可根据本人意愿，将其户口转至入学前户籍所在地或两年内继续保留在原就读的高校，待落实工作单位后，将户口迁至工作单位所在地。"

2.大学生就业有一定的政策支持

近些年来，从中央到地方，各个组织或者机构都在不断强调大学生就业问题的紧迫性与重要性。在这种认知的影响下，相关部门也不断出台相应政策，进一步推进大学生就业，如不断优化大学生的创业环境，积极鼓励大学生选择自主创业，为大学生自主创业提供政策层面和财政层面的支持。党的十七大报告中要求：坚持实施积极的就业政策，加强政府引导，完善市场就业机制，扩大就业规模，改善就业结构；完善支持自主创业、自谋职业政策，加强就业观念教育，使更多劳动者成为创业者。大学生是极具活力与创造力的群体，拥有丰富的知识积累，各方面的技能比较成熟，具有极大的创造热情和创业潜力。因此，要加大对大学生自主创业的支持与引导，给大学生自主创业开通绿色通道，给予巨大的支持。《关于促进以创业带动就业工作的指导意见》（以下简称《指导意见》）中的相关政策也给创业者带来了利好消息：放宽市场准入，简化有关程序；创新抵押担保方式，积极支持与国家规定相符且能够推动创业和带动就业的项目。此外，《指导意见》还提出，要在项目开发、方案设计、风险评估、融资服务和跟踪扶持等方面实现"一条龙"的创业服务，为创业者提供公共就业服务。为此，各级地方政府纷纷出台了各种就业政策，解决大学生就业难的问题。无论是中央还是地方上制定的有关大学生的就业政策，在一定程度上为解决大学生就业难题起到了积极作用。

3.大学生就业存在着一定的不平衡性

与其他社会群体的就业相比，大学生就业存在更为严重的不平衡性。这种不平衡性主要表现在学历背景、学科专业、就业地区等方面。

在学历背景方面，这种不平衡性主要表现为：学历较高的那部分人就业的情况通常会相对较好。例如，博士研究生的就业情况往往好于硕士研究生、本科生和专科生。随着我国高学历人才越来越多，高学历群体之间的就业竞争越来越激烈。此外，即使学历相同，但由于毕业院校的不同，也会出现就业差异。现在，许多用人单位喜欢招收名牌大学毕业的大学生，因为他们认为这些名牌大学毕业的学生的综合素质要比普通院校的学生高，这在一定程度上也使大学生就业难的问题更加严峻。综上所述，由于学历背景存在的差异，大学生就业存在着严重的不平衡性。

在学科专业方面，这种不平衡性主要表现为：由于市场需求的不同，某些专业的毕业生可能出现供不应求的局面，而另外一些专业的毕业生则出现供过于求的局面。特别是随着高新技术等产业的迅速发展，当前的就业市场和之前的就业市场存在很大的区别，这种区别不仅表现在所需人才的质量不断提高，也表现在对人才的需求有着很大的变性。比如，某个学生在高中毕业之后，选择所要学习的专业的时候，就业市场可能对某类人才的需求量还很大，就业前景十分广阔，但是四年之后，这个需求可能会发生很大变化，本来十分明朗的就业前景可能会变得十分迷茫。除此之外，传统专业和新兴专业的就业情况也存在着很大的差距。传统专业相对发展时间较长，其为社会输送的人才也相对较多，因此其就业市场需求相对较小。在新兴行业，也并不是所有的毕业生都能够顺利就业。除了和个人能力有关，还要看当时社会对该专业人才数量与质量的要求。同一个学校同一个专业毕业的学生，由于学历背景或者自身能力的问题，出现不同的就业局面。每年大学生就业都会有"十大热门就业专业"和"十大冷门就业专业"出现。2021届中国高校毕业生就业难度指数学科门类排名如图1-1所示。

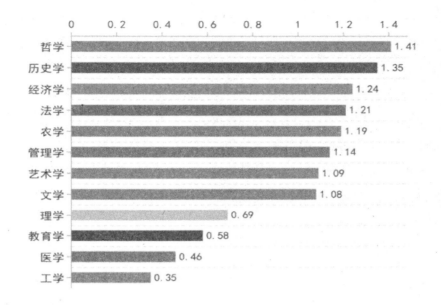

图 1-1 2021 届中国高校毕业生就业难度指数学科门类排名

根据 2021 届中国高校毕业生就业难度指数学科门类分析结果显示，工学类毕业生就业难度指数最低，为 0.35；医学类毕业生紧随其后，就业难度指数为 0.46；哲学类毕业生就业难度指数最高，为 1.41。

在就业地区方面，这种不平衡性主要表现为发展程度不同的地区对大学生的需求是不同的。比如，东南沿海等经济发达地区和城市对大学生的需求量非常大，而中西部内陆等经济欠发达地区和偏远山区对大学生的需求量相对较少。所以，不同地区的大学生的就业表现出明显的地区不平衡性。在选择不同的地区就业的时候，大学生就业目标的实现可能性也是不同的。大学生在择业的时候，应该结合自己的能力和职业生涯规划选择适合自己的地区进行就业，从而最大限度地解决自己就业难的问题。

除了学历背景、专业选择和就业地区上存在的不平衡，大学生就业的不平衡性还表现在其他方面，如不同企业对大学生的需求是不同的。一般来讲，与民营企业对大学生的需求相比，国有大中型企业对大学生的需求相对比较大，因此大学生在选择就业岗位的时候，也必须选择适合自己的企业类型，才可能顺利地实现就业。具体到我国的现实情况，大学生要改变之前传统的就业观念，改变找"铁饭碗"的想法，而应该进一步拓宽就业的选择范围，从而更好地实现自己的个人价值，并为社会作出贡献。此外，有些企业在选择员工的时候，更倾向于男性。这种性别不平衡现象的存在，使高校女大学生在就业过程中可能会遭遇更多的就业难题。这在某种程度上，也可以说是就业不平衡的又一种现象。在现实生活中，这种就业歧视的不平衡现象是十分多见的，对大学生的就业有着十分重要的影响。

第三节　研究我国大学生
就业问题的必要性

自从 1978 年改革开放以来，我国的经济体制就在不断地深入改革中完善。社会主义市场经济体制代替计划经济体制，使传统的行业模式发生了巨大变化，我国大学生传统的就业模式也随之发生了翻天覆地的变化：从最开始的"统包统配"，逐渐转变为"双向选择"的就业模式。"双向选择"的就业模式，一方面为大学生提供了众多的就业渠道，另一方面在一定程度上给大学生就业和工作预设了挑战。大学生只有具备适应岗位和重塑自身的能力，才能立足岗位，促进社会的发展和经济的进步。

为了向社会输出更多的高素质人才，高校就要扩招。随着不断扩招，各个高校为了抢占生源，开始设立越来越多的学院和课程，不同的高校相似度也越来越高。由于一些高校日渐注重招生人数的多少，而在一定程度上忽视了招生的质量，我国高校输出的人才仍然存在着"眼高手低"的问题，这在一定程度上加剧了毕业生就业难的困境。

据有关调查显示：2021 年我国高校毕业生总人数为 909 万人，同比增加了 35 万人，上涨的幅度为 4.0%；2022 年我国高校毕业生总人数为 1076 万人，同比增加了 167 万人，上涨的幅度为 18.4%。我国高校毕业生的人数每年都在创历史新高，社会就业的压力自然也越来越大，用人需求结构性矛盾也不断突出。

解决大学生就业问题，不仅可以反映我国经济发展水平，也可以反映国家发展对社会人才的储纳能力，在一定程度上还关系到高等教育的改革发展和社会的长治久安。就业，是民生之本，就业本身对人民安居乐业，对促进社会的和谐稳定和经济的持续发展有着十分重要的意义。大学生是社会主义事业的建设者和接班人，研究并彻底解决大学生的就业问题，对大学生个人、家庭、学校和社会的发展，都是十分必要的。

一、对大学生的学习、就业和成才十分有益

有人曾说，一个人对社会的贡献在很大程度上取决于其从事的职业。大学生选择职业，在一定程度上是对其人生价值的定位，是其人生道路上的一个重要转折。如果大学生选择了适合自己的职业或者岗位，那么实现其人生价值的可能性会增大；如果大学生选择了不适合自己的职业或者岗位，那么在这个工作岗位中实现其人生价值的可能性就会降低。研究大学生的就业问题可以使大学生清楚地认识到自己所学的理论和实践知识与社会需求之间的差距，以便在今后的学习或者工作中不断地去充实自己、完善自己，同时还可以帮助大学生

认识到就业不是其最终的目的，而是实现其人生价值和社会价值的开始。

二、对促进高校思想政治教育十分有益

随着改革开放的不断推进，我国社会主义市场经济的发展进程也在不断加速。在这种大的经济背景之下，我国不仅经济成分和经济利益发生了一定的变化，社会大众的生活方式及其就业方式等也发生了巨大变化。这些社会因素的变化对大学生产生了重要影响，使高校思想政治教育课程面临着许多新问题。在大学生就业方面，高校普遍开设了就业指导课程，对大学生进行相应的就业教育。在大学生的就业教育中，思想政治教育占据十分重要的地位，对大学生成功就业有着不可忽视的作用。高校逐渐加大了对大学生的思想政治教育力度，从而使大学生在就业的过程中，能够始终坚持社会主义方向，坚持党的领导，在实现就业目的的同时，在一定程度上实现自身的社会价值。研究大学生的就业问题，可以在一定程度上反映大学生在就业过程中遇到的难题，这样就可以有针对性地将大学生在就业过程中遇到的难题融入思想政治教育的教学过程中，从大学生最关心、最急切或者是最困难的问题入手，避免出现高校思想政治教育教学的内容和学生实际生活联系不紧密的局面，最大限度地把解决大学生的思想问题和解决大学生的现实问题结合起来。

三、对国家的经济建设和社会稳定十分有益

大学生是国家至关重要的人才资源以及人力财富，既是中华民族的希望所在，也是使祖国发展迎来光明未来的重要人群，承担着历史责任，肩负着人民给予的重要托付。大学生是中国特色社会主义事业建设者和接班人，担当的历

史使命非常重大。

党和国家领导人都特别关注青年作用的发挥，在一些论述当中强调青年的突出作用。1957 年 11 月 17 日，正在苏联访问的毛泽东在列宁山上的莫斯科大学礼堂，对满堂的中国青年寄予嘱托："你们青年人朝气蓬勃，正在兴旺时期，好像早晨八九点钟的太阳，希望寄托在你们身上。"1978 年 3 月 18 日，邓小平在全国科学大会开幕式上强调："青年一代的成长，正是我们事业必定要兴旺发达的希望所在。"1998 年 6 月 19 日，胡锦涛在共青团第十四次全国代表大会上也特别指出："一个有远见的民族，总是把关注的目光投向青年；一个有远见的政党，总是把青年看作是推动历史发展和社会前进的重要力量。"2017 年 10 月 18 日，习近平在中国共产党第十九次全国代表大会上作报告时指出："中华民族伟大复兴的中国梦终将在一代代青年的接力奋斗中变为现实。"毋庸置疑，大学生是青年群体当中占据举足轻重地位的一群人，是未来合格的社会主义建设者与接班人队伍当中的主力，担当着实现中国梦的重要使命。能否培育出符合国家现代化建设需要的人才，不仅关系到国家与社会的发展情况，还会影响中国特色社会主义事业建设的大局。

高校担当着培育人才的重要责任，是培养高级型和专业型人才的主要阵地。高校培育出来的学生是未来国家的建设者，是满足企业以及社会需要的人才核心，更是落实科教兴国战略、达成 21 世纪伟大目标的关键力量所在。假如大学生不能够实现完全就业，或出现就业情况不理想的问题，则极有可能造成人才闲置或者人才应用不科学等后果，不但浪费人才资源，还会在很大程度上对国家的发展产生消极影响。所以，系统全面地剖析目前大学生的就业情况，并在他们就业的过程中给予合理指导使其顺利就业，对国家的经济建设和社会稳定十分有益，在积极推动国家战略方针贯彻执行以及助推中国特色社会主义事业建设方面，也有着深远价值。

四、对高等教育改革的不断深化十分有益

大学生的就业状况直接关系到高等教育的改革和发展。我国高等教育的主要任务是培育具有创新精神及实践能力的高级专业人才，大力发展科学文化，推动社会主义现代化建设进程。高等教育的改革要能够适应经济建设与社会发展对各类专业人才的需求，全面提升人才培养的质量。高等教育能否和社会主义经济建设及社会发展相适应，一般可以通过社会对大学生的需求状况反映出来。高校培养人才的质量最终能够在用人单位对毕业生的实际聘用中得到一定的评价和反馈。

对大学生就业问题进行研究，能够借助就业反馈中的相关信息，促进高校人才培养模式的变革以及专业结构的更新，促使高校不断提升教育的质量和整体的办学效益，使高校培养出来的人才能够满足并满足社会主义现代化建设的迫切需求。

第四节　我国大学生就业的研究现状

如今，各国都将教育事业当作推进国家发展的基础性事业。在整个教育体系中，高等教育是非常关键的一环，一个国家的综合实力也通常体现在其高等教育的质量方面。大学生就业问题现今已是一个国际性的问题，国内外的学者都十分关注。

目前，大学生就业问题日益突出，其就业难的问题引发了国内学者的相关讨论。他们大都从社会环境、高等教育制度、大学生自身、就业质量等角度进

行研究，寻找问题出现的原因与解决的方案。

一、社会环境角度

自改革开放之后，我国逐渐形成了以劳动密集型产业为主的经济结构，市场对高等教育人才的需求不充足，导致了大学生就业难的困境。一些研究针对这一问题拓展探讨，如邬祎洁的《论后危机时代我国经济结构调整必要性以及对大学生就业的影响与对策》、邢繁辉的《当代中国经济结构视域下大学生就业研究》、许彦的《中国转型期就业问题研究》等。这些研究表明，尚需完善的就业市场环境、不协调的区域经济发展状况、劳动者的户籍档案等相关问题，在一定程度上影响着大学生的就业选择。

二、高等教育制度角度

我国现行的高等教育制度仍然存在一定的不足之处。在通常情况下，教学内容的实践性较弱，在讲授专业课程内容、更新课程内容方面不能与社会接轨。黄敬宝从劳动力市场供给的角度出发，将大学毕业生就业难归因于其就业能力的欠缺，而大学生就业能力的大小同高等教育的体制是紧密相连的。因此，高校要不断改革招生制度、创新人才培养模式、加强大学生就业指导工作，进而增强大学生的就业能力，以缓解就业压力。刘志业则认为，高等教育的人才培养模式已经不能与我国现阶段的产业发展状况相适应。丁小浩等人在《高等教育扩大招生对经济增长和增加就业的影响分析》里则指出，高校毕业生就业在一定程度上受到高校不断扩招的持续性影响。

三、大学生自身角度

在众多影响大学生就业问题的因素中，大学生自身素质的高低是影响其能否顺利就业的关键。到目前为止，我国学者从大学生自身角度研究大学生就业问题的成果主要集中在就业观念以及就业能力等方面。王玉敏提出核心竞争力是大学生综合素质的集中体现，并指出了能够有效提升大学生就业竞争力的措施：确立阶段目标，培养前进动力；依靠持续学习，获得动力源泉；强化综合素质，做到知行合一；培养鲜明个性，树立品牌效应。郑功成在《大学生就业难与政府的政策取向》一文中对大学生就业观念进行了深入分析，认为大学生个人及其父母的期望值与现实中的就业岗位和就业机会具有一定的差距，导致大学生因达不到就业预期而面临就业难的困境。大学生职业生涯的发展往往会受到就业观的影响。

四、就业质量角度

我国学者对大学生就业质量的相关研究从 20 世纪 90 年代末开始。与其他领域的系统研究相比，起步比较晚，研究方向也比较简单，具体包括界定就业质量的相关概念、建构就业质量的相关评价标准、分析就业质量的现状并探究其影响因素、研究解决途径等。在有限的相关文献的资料整理中，定量研究极为少见，大多数是理论方面的定性研究。可喜的是，一些学术研究成果已经被视为该领域理论研究的有力支撑。

一方面，我国许多学者在自己的研究领域中从不同层面针对就业质量的基本内涵作了界定与阐述。

就宏观层面而言，就业质量的概念源自国际劳工组织于 1999 年提出的"体面劳动"。所谓体面劳动是劳动者在自由、平等、安全与尊严的条件下进行的生产性劳动。体面劳动的主要特征是劳动者的权利被保障、有足够的薪酬，社会保险被提供。由此可知，高质量、体面的就业应当具备自由、平等、有尊严、安全等特征。程蹊和尹宁波提出可以从劳动就业环境、就业者的生产效率和劳动就业对经济生活的贡献程度三个方面界定就业质量。就国家、地区或者行业等宏观层面而言，就业质量是指在该范畴之内劳动者的整体工作状况的优劣程度，它通常用来反映该范畴内劳动者工作情况各要素的相关统计数据，如劳动合同签约率、社会保险参保率以及平均工资等。

就微观层面而言，所有同劳动者个人工作状况相关的要素都是就业质量的范围，主要包括工作时间、工作环境、薪资福利以及社会保障等。它是用来衡量大学生个体就业情况的主要标准。苏士尚认为就业质量是一个综合性概念，能够衡量劳动者在整个就业过程中的就业状况，体现劳动者在就业机会的可得性、机会平等、工作稳定性、收入和个人发展等方面的满意程度。马庆发从职业教育发展的视角出发，指出工资水平、职业社会地位、社会保障与发展空间等方面可以全面地反映就业质量，并具体体现在职业成就、职业声望、职业期望满足程度、人职匹配、专业方向与职业的适应性等相关方面。刘素华则以同类概念"体面劳动"为基础提出，就业质量是反映整个就业过程中劳动者和生产资料结合并取得报酬或者收入的具体状况之优劣程度的综合性范畴，其内容主要包括工作的性质、工作环境、聘用条件、社会保障、劳动关系等方面。叶金珠认为，就业质量指的是个体就业状况的优劣程度，包括个体目前的就业情况、才智发挥、收入水平等内容。柯羽认为高校毕业生的就业质量是指在符合高等教育基本规律的前提下，毕业生能够满足社会潜在需要的特征以及特性要求的总和。

在关于就业质量内涵的不同阐述中，大都是从人和生产资料相结合的层面出发而提出的。就业质量是反映整个就业过程中劳动者和生产资料的结合，并

29

获得相应报酬或者收入状况之优劣程度的综合性范畴，这一定义得到了学术界的一致认同。

另一方面，从不同层面出发研究大学生就业质量的评价标准也是当下国内许多学者探究的主要方面。在他们的研究中，人们通常按照国际劳工组织的标准，重点对就业质量进行衡量及评价。刘素华设计出简单并且操作性较强的就业质量评分表，提出从聘用条件、劳动关系、工作环境以及社会保障四个方面考量评分，其权重分别为23%、24%、30%和23%。史淑桃则从我国的社会背景以及传统文化出发，结合就业质量评价标准和数学模型，提出高校毕业生就业质量评价指标体系的计算方法，指出我国高校毕业生就业质量的基本指标主要有三个，即薪酬福利、劳动关系以及个人发展，还提出了十五个细化指标。为了全面体现评价标准的合理性，李金林等人指出高校就业质量评价指标应包括就业层次指标、毕业生就业主体指标等。王邦田构建了一套高校毕业生就业质量评价指标体系，并提出采用集值统计法来确定权重系数，具有一定的可行性及科学性。刘艳红借助大学生就业质量评分体系的构建，探讨了人力资本等因素对就业质量产生的影响。郭立彬运用模糊数学的方法，设计了大学生就业质量的模糊综合评价模型，并且结合实例对模型进行了验证。陈韶、何绍彬将就业质量评价从传统的"人工操作"模式转变为现代化的"系统操作"模式，并试图在减少人力、物力与财力的前提下，实现评估的预期效果，进而构建高校毕业生就业质量评价系统。

总体看来，尽管国内学者们都尽力全面而客观地展现劳动者的工作情况，但是在建构就业质量评价体系的研究中难免会产生一定的不足之处。比如，李佳就在《北京地区大学毕业生就业质量研究》中提出，由于客观数据因素的制约，大学生就业质量评价体系的评级指标依然不够完善。

相关学者获得的学术研究成果还涉及许多方面，诸如大学生就业质量的影响因素、现实情况、存在的问题以及对策等。

我国学者大致从宏观、中观以及微观的三个角度出发对大学生就业质量影响因素进行了探讨，主要方面有全球化、劳资关系、政策制度、学校特征、人力资本以及劳动者个体因素等。

宏观层面，主要包括政策制度和全球化等多重因素的影响。刘素华等人指出，全球化通过强化资本与弱化劳动的方式，打破了传统的劳资力量对比的平衡状态，导致劳动者的就业质量下降。郭虎子等人则指出，大学实行的扩招政策以及毕业生数量的增长对就业质量具有一定的负面影响，经济的发展水平和经济结构的变迁、高校教育经费投入等则对就业质量能够产生正面效应。

中观层面，包括劳资关系以及学校特征等因素的影响。孟大虎专门研究了专业选择权对毕业生就业质量所产生的影响，他认为高校的人才培养计划会对毕业生现期或者远期就业质量造成一定的影响。张桂宁提出就业质量受劳资关系的影响。周少斌则表示，高校毕业生的就业质量受到来自人才培养特色、学校综合实力及影响力、专业课程设置、学生自身综合素质、工学结合的紧密程度、就业指导与服务等多方面的影响。

微观层面，主要包括人力资本、社会资本、性别、就业能力以及家庭背景等多重因素的影响。代锋等人通过研究认为社会资本对毕业生就业质量具有显著影响。叶金珠认为个体所具备的社会资本和人力资本对就业质量产生的影响是正面积极的。李军峰通过研究指出，我国男性职工的就业质量在整体上要高于女性职工的就业质量，这主要是受社会性别观念以及性别歧视等的影响。沈诣在《择业效能感对大学生就业质量的影响研究》中探讨了择业效能感对大学生就业质量产生的影响，主张通过增强择业效能感来不断提高大学生就业质量，并提出要对不同的大学生群体展开差异性辅导。此外，李颖等人从工作环境、工作地点、工资水平、兴趣爱好等方面入手进行调查分析与比较，最终得出了就业质量直接受大学生就业能力的影响这一结论，大力宣扬培养大学生的就业能力。黄炜等人通过调查统计得出对大学生就业质量产生影响的主要因素有就业期望、就业环境、就业能力及个体特征等四个方面的结论。柯羽认为心理素质、思想品德素质、能力素质以及创新素质等非专业素质对大学生就业质量具有很大的影响。刘红艳则探讨了大学生的社会资本、人力资本与准职业形象等三个因素对大学生就业质量的影响。

除此之外，还有一些人综合研究各种因素对就业质量产生的影响。胡天明等人认为大学生就业质量受到了用人单位、高校以及学生自身三个方面的影响。而李强等人综合分析了政策、社会、学校以及毕业生本人四个方面对大学生就业质量所产生的影响。谭建跃等人认为导致大学生就业质量普遍下降的因素主要集中在学校、社会、政府以及学生这四个主体在大学生就业过程中存在重视就业率、轻视就业质量的误区，他们还主张：政府要适度加大宏观调控的力度，社会要注重并参与提升大学生就业质量，学校要进行适度的指导，大学生本人要注意提升自身的素质。

第五节　我国大学生的就业问题

我国正处于经济转型的关键时期，在供给侧结构性改革的大背景下，人口红利逐渐消失，人口老龄化进程的进一步加快，更是导致与经济社会发展密切相关的劳动力供求双方发生了变化。在这样的背景下，大学生的就业面临着各种各样的问题，可以说就业形势越来越严峻。

一、人才供给与市场需求不一致

部分高校的课程设置有问题，重视理论教育，社会实践教育却少之又少。部分毕业生不会学以致用成为当代高等教育的一大痛点问题，设立系统、完善的社会实践课程迫在眉睫。同时部分高校在专业设置上存在误差，现实人才供给与社会现实需求有矛盾。例如法学专业，在各个院校的开设率极高，然而专业的就业率却年年下降。各个高校开设专业应秉承"供求理论"，供求平衡才是应有的状态，而且专业与课程设置应贴近社会发展需求。

二、企业的户籍歧视

部分企业为了减少人员流动，降低人力资源成本，在招聘时往往会对应聘者户籍作出要求，"本地户口优先"成为外地求职者的门槛。同等条件下的应聘者，企业会倾向于本地户口的应聘者，这就给外地的求职者设置了障碍，导致同等学力的外籍人才很难进入本地市场。

三、大学生就业的性别歧视

近年来，大学生就业难问题备受社会关注，各级政府积极采取岗位补贴、补偿学费与助学贷款、硕士招录与事业单位招聘优先录取等多种手段鼓励大学生到基层、中西部地区就业、服兵役，在一定程度上缓解了这一特殊群体就业难的问题。但是，看待"大学生就业难与质量不高"这一问题，应持有结构性视角，即是否存在某一主体特征（比如性别）上的差异，如果答案是肯定的，则说明就业政策应有所侧重。中国人民大学国家发展与战略研究院发布的一项报告称：在简历基本一致的情形下，男性大学生接受面试通知次数是同等情况的女性大学生的 1.42 倍。北京大学发布的关于高校毕业生就业状况调查结果显示：在"已确定单位"上，男性毕业生的落实率比女性毕业生高 4.8%，起薪平均高 553 元/月。全国妇联妇女研究所在北京等多地高校的调查同样发现，高达 86.6%的女大学生受到过一种或多种招聘性别歧视。由此可见，大学生就业的性别歧视还是普遍存在的。

四、高校就业指导体系不完善

部分高校缺乏完整的就业指导体系，没有相关的职业技能培训，部分大学生对具体的就业程序不了解，对就业形势不清楚，不知道怎么去就业。部分高校就业指导仅是停留在对每年的就业形势解读以及企业招聘会的层面上，而没有告诉学生如何提高就业竞争力，如就业真正需要的办公能力、与上下级之间的沟通能力、就业礼仪、职业服装等，造成了大学生在就业市场上的竞争力较低，高素质人才浪费。

第二章　供给侧结构性改革背景下
大学生就业的影响因素

第一节　大学毕业生供求的
经济学分析

21 世纪以来，我国大学毕业生就业形势日趋紧张，这已是不争的事实。如何解决大学毕业生就业问题，成为教育学、社会学、经济学界关注的焦点。从经济学的角度来看，大学毕业生就业问题实质上就是大学毕业生供求失衡。解决大学毕业生就业问题实质上就是如何实现大学毕业生供求均衡。本节从经济学的角度，对大学毕业生供求的含义、影响因素以及如何实现其均衡发展进行分析，以期为解决大学生就业问题提供参考。

一、大学毕业生供求的界定

从经济学角度来看，大学毕业生寻找工作，就意味着他们作为一种生产要素——劳动力进入就业市场，所以大学毕业生供求是一种生产要素供求，这不同于一般商品的供求。

大学毕业生需求是指在各种工资水平下，社会各用人单位愿意雇用的大学毕业生数量。不过，要形成现实的大学毕业生需求需要同时具备两个条件，即用人单位既有雇佣意愿，也有雇佣能力，二者缺一不可。如果用人单位对大学毕业生没有雇佣欲望（表现为不需要引进大学毕业生）或没有雇佣能力（表现为不能满足大学毕业生对工资的要求），就不能形成现实的大学毕业生需求，而只是一种潜在的需求。用人单位之所以雇用大学毕业生，是因为大学毕业生能够通过提供劳动创造价值，给用人单位带来利润，这是一种等价交换。大学毕业生之所以愿意就业，是因为他们通过工作可以获得一定收入，满足自己的各种需要。可见，大学毕业生的供给者是大学毕业生本身，他们为了获得一定收入而提供自己的劳动，大学毕业生的需求者是社会各用人单位，需求者因为大学毕业生能够创造价值而雇用大学毕业生。在市场经济供求规律作用下，供给者和需求者都是自主选择，等价交换，各取所需，双方利益需求都能得到满足。

二、影响大学毕业生需求的因素

从宏观上看，一国经济发展的速度和结构决定大学毕业生需求的总量和结构。社会上就业岗位的增加除了自然减员等因素空出的岗位，主要就是经济发展而增加的就业岗位。一般来说，在就业弹性既定的情况下，经济增长越快，创造的就业机会就越多，对大学毕业生需求的总量就越多。尤其是高新技术进步引起的经济增长，对大学毕业生的需求就更旺盛。从结构上看，经济结构决定专业人才的需求结构，从而决定大学毕业生的需求结构。例如，如果一个国家经济产业结构中第三产业比重大，该国对与第三产业相关的大学毕业生需求就大。

从微观上看，决定大学毕业生需求的是大学毕业生的边际收益和边际成本。对于企业而言，大学毕业生与资金、能源、原材料一样，也是一种生产要素。在社会主义市场经济条件下，企业拥有更多的用人自主权，不再像计划经济条件下听命于政府的指令，而是着眼于利益最大化，所以企业对大学毕业生的需求主要取决于大学毕业生的边际收益和边际成本。边际收益是指追加使用一个大学毕业生所产生的额外收入，表现为引进的一个大学毕业生给该企业所额外创造的利润等；边际成本是指追加使用一个大学毕业生所产生的额外成本，表现为企业为引进一个大学毕业生所额外支付的工资、福利等成本。按照企业利润最大化原则，如果边际收益大于边际成本，企业就会增加对大学毕业生的需求；如果边际收益小于边际成本，企业就会减少对大学毕业生的需求；只有当边际收益等于边际成本时，企业对大学毕业生的需求才处于均衡点。可见，如果边际成本不变，当大学毕业生的人力资本提升进而边际收益提高时，企业就会增加对大学毕业生的需求，反之则减少需求。如果边际收益不变，当支付给大学生的工资、福利等减少即边际成本减少时，企业就会增加对大学毕业生的需求，反之则减少需求。

三、影响大学毕业生供给的因素

影响大学毕业生供给的因素主要包括：

第一，高等教育招生规模。显然，高等教育招生的规模决定着大学毕业生的供给数量，高等教育招生数越多，大学毕业生就越多，大学毕业生的供给就越多。

第二，用人单位提供的工资水平。谋求一定收入以维持生计是每个择业者最起码的要求，所以大学毕业生供给必然受到用人单位提供的工资水平的制约。用人单位提供的工资越高，大学毕业生供给就越多；用人单位提供的工资越低,大学毕业生供给就越少。如果用人单位提供的工资水平低于毕业生的期望,就会造成大学毕业生自愿性失业的局面。

第三,大学毕业生的就业能力,或大学毕业生人力资本状况。大学毕业生的供给能否实现,还取决于其人力资本是否符合用人单位的要求。只有人力资本符合用人单位要求的大学毕业生才可能被用人单位接纳;否则,即使毕业生愿意接受用人单位提供的薪金条件,也难以如愿找到工作。此外,一些大学毕业生为了找到理想的工作而冒险伪造各种获奖证书,以证明自己拥有较高的人力资本,这一现象反证了人力资本对就业的重要性。

第四,大学毕业生的择业观念。观念往往是行动的先导,大学毕业生供给也受到择业观念的影响。对工资收入的期望高于市场均衡工资水平,或者一味向往大中城市、大型企事业单位,或者只愿从事某种特定工作等观念都制约着大学毕业生的择业范围,影响大学毕业生的供给。

四、实现我国大学毕业生供求均衡的对策

当前,我国大学毕业生供求出现的不均衡状况,大体表现为:在总量上,大学毕业生供过于求,但在专业结构上,一些与新科技发展密切相关专业的大学毕业生供不应求与一些不适应经济社会发展需要专业的大学毕业生供过于求同时存在。为了有效实现大学毕业生供求均衡,应同时从供给和需求的角度着力。

(一)从需求角度看,应扩大对大学生的需求

从大学毕业生需求的角度来看,总体思路是扩大对大学毕业生的需求,具体对策有以下几个方面:

第一，从根本上看，扩大大学毕业生需求应该加快经济发展速度，尤其是大力发展高新技术产业，如信息技术产业。经济发展与扩大就业机会的联系十分密切，伴随着经济的发展，人们的收入水平提高，消费需求增加，这刺激了各种消费品的生产，使各企业对人才的需求增加。如果高新技术产业发展迅速，那么企业对高素质人才的需求更迫切，如此一来，企业就会对大学毕业生产生大量的需求。

第二，进一步扩大企业独立自主经营权（包括用人自主权），使企业本着利润最大化的原则自主聘用人才。一个理性的企业为了实现利润最大化，就要确定最佳的大学毕业生需求。在人才引进时，企业既要充分考虑边际收益，重视应聘者的能力而非学历，又要充分考虑边际成本，即引进人才的成本。企业理性决策的结果是不会盲目追求高学历人才，从而避免"高才低就"这种人才高消费现象，促进形成合理的大学毕业生需求结构。

第三，进一步深化企事业单位人事制度改革，全面推行聘用制。聘用制是一种人员能进能出、"能者上、平者让、庸者下"的机制，有助于形成人才优胜劣汰的公平竞争环境，使高素质人才得以优先录用，所以聘用制的实行有助于增加企事业单位对大学毕业生的需求。

第四，政府鼓励并扶助大学毕业生自主创业，使大学毕业生创造出对自身的需求，"自己雇用自己"。从客观上看，自主创业是一种有效扩大大学毕业生需求的途径。自主创业需要具备较多条件，如一定的启动资金，但大部分大学生毕业时都是"身无分文"，他们迫切需要资金扶持，政府和企业应该给予他们风险投资帮助，为他们自主创业提供有利的条件。

（二）从供给角度看，应优化大学毕业生的供给

从大学毕业生供给的角度来看，总体思路是优化大学毕业生供给的数量、

质量和结构，具体策略有以下几个：

第一，制定合理的高校招生计划，形成合理的大学毕业生供给。我国高校不断扩招，在一定程度上增加了大学毕业生就业的难度。因此，在高校招生总量上，应全面分析经济发展速度、适龄人口规模、国家经济实力等因素，以此为依据进行科学决策。在招生专业结构上，应密切结合市场对专业需求趋势进行科学预测，社会需求趋旺的专业增加招生数量，社会需求趋弱的专业则减少招生数量。为此，应统计、公布各专业毕业生就业率，参照就业率高低调节招生，就业率高的专业适当增加招生数，就业率低的专业则适当减少招生数。

第二，坚持教学改革，努力提高大学生综合素质即大学毕业生就业能力。为此，一方面应加大对高等学校的投入，增强师资力量，改善办学条件，但更重要的是大学生自身应勤奋努力，自强进取，提高自身人力资本的"含金量"。另一方面，应拓宽专业面，增强各专业毕业生的社会适应能力。专业划分过细过多、专业口径过窄、专业的社会适应性差是大学毕业生供求结构失衡的重要原因，只有拓宽专业面、改变过于专门化的专业设置方式，才能增强学生的知识基础、综合能力素质和社会适应能力，缓解大学毕业生供求结构失衡的矛盾。

第三，对大学毕业生进行就业教育和指导，引导他们兼顾社会利益和自身利益，树立合理的职业期望，转变落后的就业观念，如不必一味强求专业对口，一味追求大中城市、经济发达地区和国有企事业单位，以拓展就业范围，解决大学毕业生就业难的问题。

第二节　社会资本与大学生就业

一、问题的提出

近年来，我国大学生就业质量问题突显。对于社会而言，解决大学生的低就业质量问题与解决低就业率问题同样重要。大学生的低就业质量会浪费巨额的教育投资，减少社会可投资的资本总量，同时最终也会削弱用人单位的凝聚力，降低其经济效益，从而难以获得可持续发展，因此对大学生就业质量问题进行研究具有重要的现实意义。

在已有的相关研究文献中，较多学者分析了社会资本对就业问题的影响。瑞典学者托尔斯顿·胡森（Torsten Husen）指出，20 世纪 70 年代社会资本开始引入教育研究领域。关于社会资本对就业质量影响的研究始于"新经济社会学派"代表马克·格兰诺维特（Mark Granovetter），他在 1973 年发表的《弱关系强度》中指出，与就业有关的信息和机会是通过人们的"弱社会关系"而不是通过劳动力市场来流动和传递的，个人的社会资本有助于解决劳动力市场中的"信息不对称"问题，帮助个人获得就业的信息和机会。日本学者渡边深对东京地区的调查发现，在日本不管是在搜寻就业信息方面，还是在提高职业满意度和职业地位方面，"强关系"和"弱关系"都对就业质量产生一定的影响，而日本人更善于利用"强关系"来实现就业。

国内对社会资本和就业质量的理论研究也取得了初步成果。边燕杰通过比较天津、新加坡、中国香港和其他地区的求职过程提出，我国和新加坡的个人求职更多的是求助于"强关系"。学者赵延东通过对武汉市下岗职工再就业过程的研究发现，社会资本的突出作用表现在劳动力市场尚不健全阶段，70%的职工在就业过程中使用了社会网络途径，求职者拥有的社会资本越丰富，获得的就业机会就较大，工作质量也越高。当前在教育研究领域中引入社会资本正在不断盛行，研究者们除了研究社会资本的积极效应，还对社会资本的消极方面进行深入探讨，不过关于社会资本对大学生就业质量的影响的研究尚不够全面。为此，本节拟在界定大学生就业质量的基础上，全面探讨社会资本对大学生就业质量的有利和不利影响，为提高大学生就业质量提出相应的对策。

二、大学生就业质量的界定和评价指标

（一）大学生就业质量的界定

大学生就业质量是指大学生通过合理均衡的行业与地域流动，凭借人力资源市场或人才中介组织平台，在自由、公平、安全和具备人格尊严的条件下获得适宜、灵活、可持续发展的就业机会，从而与生产资料结合并获得收入和发展的优化程度。它是一个从实质上衡量大学生就业状况和社会整体发展状况的综合性指标，反映的是大学生就业内在的本质特点，即反映大学生就业的结构、层次、动向、性质和优劣等方面。

（二）大学生就业质量的评价指标

1.工作报酬

工作报酬是大学生就业能力、自身价值的反映，也是社会对其认可程度的反映。大学生工作报酬的可比性也体现大学生劳动权益的实现程度，这是衡量大学生就业质量的核心指标。

2.工作的稳定性

稳定的工作是大学生生存发展的需要，也是大学生融入社会的基本方式。

一般相对稳定、有利于大学生不断发展的就业就是高质量就业，而岗位经常变动且不利于大学生发展的就业大多是较低质量的就业。

3.工作环境

工作环境包括涉及劳动保护、劳动安全的自然环境，涉及企业的声望、职业的声望、社会认同的人文环境，以及工作本身在社会上营造的舆论氛围等。

4.专业的匹配性

专业的匹配性是广义性评价指标，是指大学生的工作与其专业相对符合，大学生的工作性质属于某一职业群，而不是要求专业名称与内容绝对一样。专业匹配意味着大学生所形成的人力资本有用武之地，工作得心应手，不会造成教育资源的严重浪费和人才盲目高消费现象。

5.职业发展规划

大学生作为知识劳动者，有着较强的使命感和实现个人价值的愿望，能够在工作中不断获得培训的机会，持续更新知识和技能，拥有良好的职业发展前景和顺畅的职位晋升通道，这就是大学生的职业发展规划，是他们高质量就业的内在要求，也是影响大学生就业质量的动力因素。

6.工作条件

工作条件包括工作时间、工作地点。大学生工作时间是否具有法定性和规律性、工作地点的便利程度等都会对大学生就业质量产生一定的影响。

7.福利和社会保障

用人单位能否提供良好的福利和完善的社会保障，关系到大学生基本生活的保障以及社会公平和安全感的实现，是高质量就业的前提和基础，是衡量大学毕业生就业质量的人性化指标。

8.劳资关系的和谐性

劳资关系的和谐需要有健全的劳动法律规范的调节，用人单位与大学生主体在平等协商的基础上签订劳动合同，并且有健全的执行机制予以保障，大学生能够适当参与管理，获得融洽的工作人际关系，工会组织能够适时保障大学生的权益，劳资双方和谐共处。

三、社会资本对大学生就业质量的积极影响

詹姆斯·科尔曼（James Coleman）在社会资本理论中指出：社会资本是影响大学生就业能力及生活质量的重要资源，它可以从功能上动员社会资本结构的各种要素，帮助大学毕业生实现特定的就业目标。

（一）降低人力资源市场的工作搜寻成本，提高就业费用支出利用率

从新制度经济学的交易成本角度来看，获取和传递任何市场信息都是要支付成本的。在人力资源市场中，由于信息不充分限制了大学生对就业岗位的内在要求进行深入了解，大学生要获得有价值的岗位信息就必须支付较高的信息交易成本，承受巨大的经济压力。大学生若拥有一定的社会资本网络，则有可能为其提供有益的就业信息，缩短就业信息搜寻时间，节省就业信息搜寻成本。对于拥有就业岗位资源的人来说，甚至能够为大学生求职者直接提供就业岗位。同时，有大量大学生通过单位社会资本渠道进行应聘，单位老员工熟悉单位所在行业的发展规律，对单位所需的人才素质十分了解，对被推荐大学生的品质、能力等方面信息了解得较为充分，从而使单位人才引进效益相对较高。另外，在大学生求职过程中，当就业市场尚未发育成熟时，在各方获取信息困难的情况下，社会资本网络在一定程度上可以成为市场机制的替代物，充当"信息桥"的角色，起到将大学生求职者与所需工作岗位连接起来的功能。

（二）增强大学生与职位的匹配性，提高供需双方的满意度

在双向选择的大学生就业市场中，供需双方最大的障碍在于用人单位和求职者彼此拥有的信息不对称。在劳动力市场上普遍存在着信息不对称现象，一方面供方和需方之间的信息不对称，另一方面需方之间的信息不对称。具体表现在用人单位并不了解大学毕业生的有关素质、能力等个人信息，分不清大学毕业生各种证书的真假优劣，很难了解求职者的真实求职期望，而求职者也很难了解用人单位的真实情况，不了解用人单位承诺的可信程度等。但从经济学的委托代理理论不难看出，在用人单位和大学生求职者对社会资本网络成员信任的基础上，通过求职者的社会资本渠道，用人单位和求职者会增强彼此的信任，最终实现人职匹配，劳资双方满意。当前我国的劳动力市场尚不完善，大量的劳动力供需信息交流仍属于非制度化或半制度化的阶段，缺乏一定的公开性。同时，由于大学毕业生与社会联系比较有限，获取重要的岗位信息相对困难。因此，通过学校、社团、家庭等社会资本网络，可以建立起一个可信度比较高的信息网络，获取和收集可靠的信息，从而奠定大学生和用人单位实现劳资双赢的基础。虽然劳动力市场不健全造成的就业信息不对称会随着市场机制的完善而逐渐得到改善，但每个人所处的地位、立场的不同造成的就业信息不对称则是长期的问题，解决这一问题最好的办法就是充分利用大学生自身拥有的社会资本。

（三）协助大学生把握就业机会从而有更多机会进入主要劳动力市场

二元劳动力市场理论认为，劳动力市场存在主要和次要劳动力市场的分割。主要劳动力市场收入高、工作稳定、工作条件好、培训机会多，具有良好的晋升机制；次要劳动力市场则与之相反，其收入低、工作不稳定、工作条件

差、培训机会少、缺乏晋升机制。大学生的社会资本层次和性质对大学生进入的劳动力市场层次有相当大的影响。激进的劳动力市场分割理论者甚至认为，劳动者工作所属的劳动力市场与其家庭背景有密切关系，劳动者在进入劳动力市场之前其家庭背景已经决定了他能进入主要劳动力市场还是次要劳动力市场。家庭背景是社会资本的一种来源，影响大学生就业的劳动力市场层次，大学生在其父母所从事的劳动力市场就业求职时，更有可能通过这种强关系来获得相关工作信息，把握更多的就业机会。不可否认，大学生就业最重要的一步就是寻找就业机会，获得更多的就业机会意味着大学生有了更多的选择，从而有利于他们获得质量较高的就业岗位。如果得不到就业机会，那么再优秀的大学毕业生也只能待业。社会资本作为一种自由流动性资源，在当前我国劳动力市场尚不完全成熟的情况下，有着广泛的流动空间，使得大学生可以借助制度性和非制度性两种手段把握就业机会，最终在较高层次的人才市场里具备一定的优势和地位。

（四）提高大学生自主创业成功率和在岗职业的稳定性

目前在国内的就业领域中，从就业结构的变化看，过去作为就业主渠道的国有用人单位和城镇集体单位吸纳就业能力下降，其他经济单位和个体工商户、私营企业就业人员比例迅速增长，弹性就业（灵活就业）作为一种新型的就业模式正在日益兴起，但是这种包括大学生自主创业在内的弹性就业对社会资本的依赖性更强。虽然选择创业的大学生一般拥有较多的人力资本存量，有比较强的竞争意识、风险意识和开拓创新意识，但毕竟在行业规律的把握和创业项目的驾驭方面需要支持。如果拥有较为丰富的社会资本，那么社会关系的强化必然导致个体从属于群体乃至个体消失于群体之中的局面。正如亚历杭德罗·波特斯（Alejandro Portes）所言："社会关系网络能够更好地控制个人的行为,并提供获取资源的优先渠道;但社会关系网络同样可以限制个人的自由,并阻止外人获得同一资源的渠道。"

四、社会资本对大学生就业质量的消极影响

(一)社会资本导致"家长就业",严重影响大学生就业的公平竞争

大学生就业过程中的社会资本变量主要包括:学校的就业指导中心、家庭背景(父母的教育水平、社会地位和职业层次)、亲戚的数量及这些人的职业和职务情况、生源地(农村还是城市)和用人指标等。社会资本水平越高的大学毕业生就业期望值较高,求职信心强,求职难度相对要小,最终就业率越高;在其他方面处于相对弱势的毕业生(教育层次较低的毕业生、非重点高校的毕业生等)明显感受到缺乏社会资本的危机和劣势。中国社科院"当代中国社会阶层结构"课题组的《当代中国社会流动》显示:从 20 世纪 80 年代以来,在处于较为优势地位的社会管理者、经理人员、专业技术人员阶层中,代际继承性明显增加,代际外流动明显减少;而处于经济社会位置较低阶层的子女进入较高阶层的门槛明显增高,两者间的社会流动障碍在强化,职业地位的获得不断转向出身优势家庭背景的人。社会资本分布不均使大学生可能通过非竞争行为获得非劳动收益,人力资源市场非竞争性行为突出表现在非竞争性同时存在于供给主体和需求主体中。从供给主体看,非竞争性表现在大学生就业的隐形关系竞争强于显性能力竞争。从市场化需求主体的用人单位来看,在引进人才的过程中形成"关系竞争",同时就业市场机制的缺失以及用人单位用人机制的僵化往往成为非竞争性行为的温床,双重影响使得非劳动性收益显著,这种收益带来的延展效应诱使一些大学生把更多的努力投入非能

力竞争中去。目前，在大学生就业竞争中家长起到了不可忽视的作用，以致新闻媒体报道"大学生就业进入'家长就业'时代"，严重影响大学生就业的公平竞争。

（二）社会资本参与下的就业环境促成大学生就业的"劣胜优汰"式逆选择

大学毕业生的人力资本是在先天禀赋的基础上通过后天长期学习得到的，而社会资本则是凭借家庭或团体通过调动、支配和掌控关系资源甚至公共资源形成的。在大学生就业过程中，本应该以人力资本为主，以社会资本为辅，但在目前实际上已经出现了人情本位和能力本位的错位。公共权力和社会关系在大学生就业领域的介入，对人才市场科学配置人力资源的调节功能产生了一定的消极影响，使得一些用人单位很难择优录用，部分空缺岗位得不到优秀的人才。在"社会关系"这道人为的门槛前，一些拥有丰富社会资本的大学生为实现就业，竭尽所能利用家庭背景、人际关系等资源为求职开路，部分能力素质较高但缺乏社会资本的大学生，在求职过程中屡屡碰壁。大学生求职由能力竞争变成了社会资本的比拼，这样直接导致庸才就业、良才失业的逆向选择，显然这是一种"劣币驱逐良币"或"劣胜优汰"现象。

（三）社会资本盛行的就业氛围滋生大学生畸形的就业意识和认知观念

由于大学生拥有的社会资本存量不同，社会关系不平衡以及部分用人单位任人唯亲、宗派主义、裙带关系等不正之风的存在，在严重干扰大学生就业市场健康发展的同时，也会使大学生产生对社会的逆反心理。在高等教育扩招的大背景下，社会提供的职位毕竟是有限的，总有一些大学生无法顺利就业。大学生拥有的社会资本的异质性与排斥性，很容易导致大学生群体产生心理失衡障碍，使他们在情感上遭受巨大挫折，对社会的价值标准、做人准则产生怀疑，不利于培养大学生能力本位理念和创新竞争意识，也不利于大学生在实践中树立勤奋求学、积极进取、独立自主、顽强拼搏的精神，甚至导致有些大学生荒废学业，不思进取，畸形地认为实现就业就得依靠社会关系，形成急功近利、投机取巧的浮躁心态，投入大量的时间和精力去构建社会资本网络，而忽视品德素质和能力技能的培养。

五、社会资本视角下提高大学生就业质量的对策

本节在界定大学生就业质量的基础上分析了社会资本对大学生就业质量的影响。社会资本作为根植于社会关系之中的一种稀缺性资源，在高等教育大众化和大学生就业竞争异常激烈的背景下对大学生就业质量有着双面效应。一方面，社会资本的运作对大学生就业信息的获取、就业政策的了解、就业时机的选择、就业机会的把握、就业单位性质和就业地区的选择、工资福利的期望、职业声誉的追求等方面都会起到信息枢纽作用，会在一定程度上缓解大学生的就业压力；另一方面，社会资本天然具有排他性，如果对社会资本过度依赖，就会人为地剥夺部分大学生参与公平竞争的机会和资格，加大职业搜寻成本和难度，使弱势群体大学生在就业时处于不利的地位，同时这也加剧了大学生就业的心理压力，使他们对社会产生怀疑。因此，在实践中，要充分发挥社会资本对大学生就业质量的积极作用，促进大学生就业质量的提高，同时也要注意避免社会资本的不利影响。

第一，高校和大学生要树立社会资本意识，培育、积累和优化社会资本。大学生应该在人际网络中更多地发挥主观能动性，积极开发和利用已有的资

源，实现社会资本的增值。高校应引导大学生提高对社会资本的甄别、动员和组织能力，优化社会资本结构，为大学生就业提供一条正当合法的社会资本渠道，通过健康的社会资本推动、协调大学生就业，提高大学生的人力资本投资收益。

第二，国家应建立社会网络与信息网络体系，完善社会的公平机制与监督机制，解决社会资本的不平等问题。针对大学生就业中的暗箱操作、人情关系等腐败现象，做到就业信息公开，确保大学生"透明就业"，以确保大学生各得其所，才尽其用，重新构建大学生就业者的信心与为社会服务的理想，保证大学生感受到制度化的公平公正，而不是人为造成的相对"剥削感"，防止社会资本在某一大学生群体或个人过度集中，严格限制公共权力对社会资本的渗透与污染，为大学生就业提供正当的社会资本渠道。

第三，政府应加强劳动力市场法治建设，加快大学生就业市场化进程。为保证就业的公平，政府应该出台促进公平就业的法律，明确大学毕业生就业工作的主体、责任、经费、路径和相关人员回避等，避免性别歧视、地域歧视、年龄歧视、不同毕业学校歧视等，消除各种各样的不公平竞争，逐渐打破就业中的地域、行业分割，消除就业壁垒，完善开放灵活的人才市场配置机制，完善社会流动机制，实现资源共享和机会公平，最终使大学生就业市场真正以实现和维护大学生的就业利益为出发点。

第四，用人单位应打破求职壁垒，以激励性的健康用人观发挥"指向标"作用。用人单位应该消除就业歧视和障碍，自主选才，量才适用，建立和完善科学、规范的选人用人机制，使大学生在职业生涯中树立公平理念、竞争意识和诚信精神，建立能力和素质导向的培训开发机制，构建人性化的绩效激励体系，让大学生从培养软实力的角度来提升就业竞争力。

第三节 人力资本与大学生就业

一、问题的提出

21 世纪以来，我国大学生就业形势日益严峻，成为政府、公众和学界共同关注的社会问题。其中，不同专业大学生的就业率、就业收入、专业对口性、工作稳定性等就业状况存在明显差别，表现出较强的专业特征。麦可思公司在《中国大学生就业报告》中比较详细地描述了不同专业大学生的就业特征。还有一些学者通过调查数据，分别分析了一些具体专业（如体育专业、社会学专业、经济管理类专业等）大学生的就业状况、成因及对策。不过，从总体上来看，关于大学生就业的专业特征的一般性理论研究并不多见，已有相关研究大多只是一种现象描述和对策，缺乏深入的成因分析，并且关于成因分析的视角主要立足于劳动力供给（大学毕业生数量、高校专业结构）和劳动力需求（社会产业结构）。诚然，劳动力供求视角能够在一定程度上合理解释大学生就业的专业差异性或专业特征。但是，由于影响就业率、就业收入、专业对口性等就业特征的因素除了劳动力供求，还有个体的人力资本因素，仅仅从劳动力供求的角度还不能完全解释这些专业特征。劳动力供求视角也不能有效解释就业稳定性这一就业特征。总之，劳动力供求理论不能完全解释大学生就业的专业差异性。鉴于此，本节拟以 2009 年—2014 年的《中国大学生就业报告》数据为基础，以英语专业本科生为例，探究人力资本对大学生就业的专业特征的影响，并就如何促进不同专业大学生就业提出相应的对策。

二、人力资本与大学生就业的专业特征：理论分析

第一，人力资本的含义及类型。人力资本理论是在 20 世纪 60 年代诞生的，其奠基人之一西奥多·舒尔茨（Theodore Schultz）认为，人力资本是指凝聚在劳动者身上的知识、技能及其所表现出来的能力。人力资本对增加个人未来的收入、促进国家经济增长和发展具有重要作用。一般而言，在其他条件相同的情况下，劳动者知识、技能越丰富，其人力资本存量越大，收入就越高。人力资本通过人们在自己身上投资而形成，主要的形成途径包括教育培训、健康投资、劳动力流动和工作经验（即"干中学"）。

按照不同的标准，人力资本可以分为不同类型。

按照使用范围，人力资本可以分为通用性人力资本和专用性人力资本。通用性人力资本是由一般性、基础性、普遍适用性的知识和技能构成，如人际沟通能力、逻辑思维能力、语言表达能力等，能够广泛用于大量不同的行业、企业或职业领域。专用性人力资本由特殊的知识和技能构成，如汽车维修知识与技能、牙齿矫正技能、财务审计技能等，往往只能用于特定的行业、企业或职业领域。根据使用领域的不同，专用性人力资本可以进一步划分为行业专用性人力资本、企业专用性人力资本和职业专用性人力资本等。

按照存在范围，人力资本可以分为共有性人力资本和专有性人力资本。与物质资本不同的是，人力资本存在于人身上，与个体须臾不可分离。不过，有的人力资本被许许多多个体所掌握，存在于大量个体身上，这种人力资本可称为共有性人力资本（类似于公共产品），如存在于数以亿计的高中学历者身上的基本学科知识和基本逻辑推理能力。还有的人力资本只存在于经过特殊培训学习、有特殊工作经验的少数个体身上，如航空飞行技能、刑侦知识与技能等，这种只存在于特定人群身上的人力资本，就是专有性人力资本（类似于私人产

品）。显然，专有性人力资本具有很强的排他性或不可替代性，通常人们谈到的"隔行如隔山"，在本质上指的是不同行业、专业、职业的个体所掌握的人力资本显著不同，彼此之间难以替代甚至难以沟通、理解。共有性人力资本具有很强的可替代性，个体的人力资本共有性越强（即专有性越弱），就业竞争性和难度就越大。从劳动力的异质性还是同质性角度看，人力资本共有性强的劳动力更可能是同质性劳动力，而人力资本专有性强的劳动力更可能是异质性劳动力。

第二，专业的人力资本特征及其对就业的影响。教育作为人力资本投资的主要形式，个体受教育程度越高，积累的人力资本水平就越高，所以，大学毕业生的人力资本水平高于中专和高中毕业生。自《中共中央国务院关于深化教育改革全面推进素质教育的决定》颁布以来，我国越来越多的高校将人才培养目标定位为培养"高素质人才、创新型人才和复合型人才"，各高校在课程设置方面，在保证必要的专业课程前提下，大幅度增加通识课程（或综合素质类课程），所以，各专业的大学毕业生人力资本既具有通用性，也具有专用性，既具有共有性，也具有专有性。但是，不同专业毕业生的人力资本通用性和专用性、共有性和专有性强弱不一样，这是由专业的人力资本性质决定的。

从人力资本的使用范围来看，有的专业人力资本具有很强的职业专用性，如医学专业、计算机专业等；有的专业人力资本则具有较强的职业通用性，如数学专业、社会学专业、心理学专业等。从人力资本的存在范围来看，专业的专有性和共有性程度在很大程度上取决于专业的毕业人数及难易程度。专业的毕业人数越多，专业的难度越低，则专业人力资本的存在范围越广，其共有性就越强（如语言类专业）；反之，专业人力资本的专有性就越强（如医学专业）。

根据以上理论分析，可以提出以下关于"专业的人力资本与大学生就业"的命题：

命题1：在其他条件相同的情况下，专业的人力资本共有性与就业率呈负相关，即专业的人力资本共有性越强，就业率越低。

命题2：在其他条件相同的情况下，专业的人力资本通用性与就业收入呈正相关，即专业的人力资本通用性越强，就业收入就越高。

命题3：在其他条件相同的情况下，专业的人力资本专用性与专业对口率呈正相关，即专业的人力资本专用性越弱，专业对口率越低。

命题4：在其他条件相同的情况下，专业的人力资本通用性与工作稳定性呈负相关，即专业的人力资本通用性越强，工作稳定性越弱。

那么，这四个命题是否成立呢？下面结合麦可思公司发布的《中国大学生就业报告》数据，以英语专业为例，对此进行检验。

三、人力资本与大学生就业的专业特征：基于英语专业的实证分析

（一）英语专业的人力资本特征

从人力资本的适用范围来看，英语专业广泛适用于各种职业、行业和企事业单位，本科英语专业人力资本的通用性较强，而专用性较弱。这是因为，英语本质上是一种语言交流工具，无论是口语还是书面语，无论是用于听、说、读、写还是译，在各行各业中都有广泛的用武之地。随着全球经济一体化趋势日益突出，我国对外开放的广度和深度不断拓展，对外贸易额逐年增长，对外贸易在世界范围内具有举足轻重的地位。此外，随着我国市场化改革的不断深化，社会主义市场经济体制的逐步完善，我国外资企业、中外合资企业等企业的数量和比例也日益提高。在这种背景下，我国涉外企业、行业与职业日益增多，而英语是一种世界性语言，在企业的国际交流中应用最广。因此，越来越

多的行业、职业和企业都需要英语专业人才，这意味着英语专业的使用范围不仅广泛，而且日益扩大。可见，英语专业的人力资本具有很强的通用性。

从人力资本的存在范围来看，英语专业人力资本广泛存在于大量大学生之中，本科英语专业人力资本的共有性较强，而专有性较弱。原因包括两个方面：

一方面，英语是升学必考科目，非英语专业大学生从小学到大学阶段一直都学习英语。英语是中考和高考的必考科目之一，几乎所有中小学都开设了英语课，大学生经过了多年的英语学习，且通过了高考，已经具有初步的英语知识基础。在大学阶段，大学生依然非常重视英语学习。不仅因为许多高校开设了两年的大学英语课程，也因为在就业市场上，包括英语四、六级证书在内的各种证书深受用人单位的重视。大学生为了获得英语四、六级证书进而获得更多、更好的就业机会，将大量时间（至少两年）用于英语学习，至少占整个大学生涯（四年）的一半。此外，还有很多大学生为了考取研究生，在大三、大四仍然学习英语，也有一些大学生接受社会教育培训机构提供的英语培训。总之，非英语专业大学生用于英语学习的时间、精力非常多，他们努力掌握基本的英语知识技能。换言之，英语知识技能也存在于所有非英语专业大学生身上，所以，英语专业人力资本具有很强的共有性，而专有性较弱。

另一方面，尤其重要的是，自高校扩招以来，我国本科招生人数和毕业人数大幅度增加，尤其是人文社会学科扩招幅度更大，英语专业也不例外。本科英语专业毕业人数的大幅度增加，也意味着英语专业人力资本存在的范围也大幅度扩张，即英语专业的共有性增强。

根据前述四个命题，从英语专业具有人力资本通用性较强、专用性较弱、共有性较强的特征，可以推测：英语专业大学生就业收入较高，但工作稳定性、专业对口率和就业率较低。这些推测是否成立，将证实或证伪以上四个命题。因此，需要对这些推测进行检验。

（二）英语专业大学毕业生就业的特征与成因

麦可思公司创建于 2006 年，是中国首家高等教育管理数据与咨询的专业公司，是高校、社会大众、用人单位和政府公认的权威性数据机构。麦可思公司自成立以来，每年对毕业半年后的大学生就业状态和工作能力等进行全国性调查，每三年针对雇主对大学生的能力要求和雇佣情况进行全国性调查研究。迄今为止，麦可思公司已经调查了 2006 届以来毕业半年后的大学生，每年的有效调查问卷都在 20 万份左右，样本容量非常大，代表性很强。2009 年以来，麦可思公司每年出版《中国大学生就业报告》（就业蓝皮书），成为目前国内研究大学生就业问题的权威性数据来源。通过对《中国大学生就业报告》的分析，可以发现，英语专业本科毕业生就业具有以下特征：英语专业大学生的就业具有就业率、专业对口率和工作稳定性较低，而就业收入较高的特征，表明推测结论成立，验证了前述四个命题。

下面从人力资本的角度对英语专业大学生就业特征进行进一步分析：

第一，就业率较低的原因在于英语专业的人力资本共有性较强。由于英语专业具有很强的人力资本共有性，而专有性程度较低，可替代性较高，导致在劳动力市场上，不仅英语专业毕业生相互之间存在竞争关系，而且其他专业毕业生也有能力挤占英语专业毕业生的工作机会，成为英语专业毕业生的竞争对手。例如，以前英语专业的毕业生一直是外企、合资企业青睐的对象，但现在有许多外企、合资企业并不刻意选择英语专业的毕业生，一些诸如旅游、经济类企业更倾向于选择既有英语能力也有行业专业知识和特长的"复合型"人才。可见，英语专业人力资本共有性强，意味着英语专业人力资本供给巨大，在劳动力市场对英语专业人才需求既定的情况下，英语专业毕业生逐年增加，就业竞争日趋激烈，英语专业就业率下降就成为必然的结果。

第二，专业对口率较低的原因在于英语专业的人力资本专用性较弱。专业对口率较低意味着大量英语专业毕业生从事着专业不对口的工作。当然，专业不对口未必不是理性选择，当专业对口的工作机会供不应求时，如果没有专业对口的工作机会，那么与其强求专业对口而失业，不如拓宽就业面，选择"专业不对口的工作"以实现就业。

第三，工作稳定性较低的原因在于英语专业的人力资本通用性较强。作为人力资本理论的奠基人之一的加里·贝克尔认为，由于企业专用性人力资本只适用于特定的企业，而在其他企业将无用武之地或贬值，所以具有专用性人力资本的员工不愿意辞职，而企业通用性人力资本在许多企业都有用武之地，从而促进了员工在企业之间的流动（即辞职率、离职率或跳槽率）。与此同理，行业、职业通用性人力资本则促进了员工在行业、职业间的流动（表现为行业、职业转换率）。这一规律也适用于英语专业人力资本。换言之，英语专业人力资本的较强企业、行业和职业通用性，促进了英语专业毕业生在企业、行业和职业之间的流动，所以英语专业毕业生的工作稳定性较低。

第四，就业收入较高的原因在于英语专业的人力资本通用性较强。尽管英语专业毕业生就业率较低，但是已经就业的英语专业本科生在毕业半年后以及3年后的就业收入都高于平均水平，原因也与英语专业人力资本通用性较强关系密切。由于英语专业的人力资本通用性较强，能广泛用于不同的行业、职业和企业，因此英语专业毕业生的就业面比较广。在追求利益最大化的理性动机作用下，求职者自然优先选择收入高、待遇好的职业，所以许多英语专业毕业生能胜任并从事很多收入较高的职业，如销售经理、英语培训师、翻译等职业。

四、人力资本视角下促进大学生就业的对策：以英语专业为例

人力资本对大学生就业的专业特征具有重要的影响，不同专业由于人力资本通用性和共有性强弱不同，在就业率、就业收入、专业对口率和工作稳定性方面都表现出不同的就业特征。从人力资本的角度看，可采取下列对策以促进大学生就业：

第一，增加大学生人力资本存量。无论是通用性还是专用性人力资本存量的增加，都能提高就业机会和工资。所以，提高英语专业毕业生人力资本水平，是促进其就业的有效途径。具体对策包括：高校应加大教学改革，采用高效的英语课程教学方法，提高英语教育质量；大学生应坚定"一分耕耘一分收获"和"越努力就越有成功机会"的信念，珍惜时间，勤奋学习，努力提升人力资本水平。

第二，降低专业人力资本共有性。英语专业就业率较低的一个原因在于英语专业人力资本共有性较强，因此要想提高就业率必须降低英语专业人力资本的共有性。从逻辑上看，有效思路之一在于降低非英语专业毕业生的英语知识技能，但这种思路在实践上缺乏可行性，也不合理。相对而言，比较可行的措施是扩大高校招生自主权，根据劳动力市场对纯英语专业人才需求减少的变化形势，适当减少英语专业招生量，以减少英语专业人力资本的存在范围（即人力资本共有性）。

第三，鼓励就业率低的专业大学生选择第二专业。如前所述，英语专业人力资本通用性较强，尽管有利于扩大就业机会，提高工资水平，但也降低了专业对口率和工作稳定性。可见，英语专业人力资本通用性较强对就业的影响利弊参半，"扬长避短"成为提高英语专业就业质量的重要思路。根据这一思路，

应在保持英语专业人力资本通用性较强优势的同时，引导英语专业大学生形成和发展第二专业人力资本。具体对策包括：一方面，改变高校培养纯英语人才的模式，走复合型人才的道路，培养不同"英语＋专业"的实用型人才；在英语专业设置上，减少纯英语专业的设置，增加应用英语、商务英语、翻译等实用性英语专业。另一方面，高校应支持就业率高的学院提供第二专业学位，鼓励学生错位发展、辅修第二专业，为有志于获得双学位的英语专业本科生创造相应的条件。

第四节　配置能力与大学生就业

一、问题的提出

经验表明，在高等教育的快速发展过程中，通常会伴随着大学毕业生就业难度的增加。从国外的研究看，大学毕业生就业难主要是由以下原因引起的：第一，大学毕业生的供给总量增加和结构失衡；第二，需求总量的减少和结构调整；第三，高等教育内部运行机制难以适应市场需求的变化；第四，劳动力市场运行不完善。针对本国的具体情况，各国政府还采取了一系列缓解大学生就业难的措施，这些措施包括：改革教学内容和专业设置，提高教育质量；为大学毕业生提供就业援助；实施大学生创业计划，促使大学生实现自我就业；鼓励大学生到特定地区就业；等等。针对我国的大学生就业问题，国内学者也进行了大量研究。他们认为，影响大学生就业的主要原因包括：高等教育运行机制、高等教育课程的结构设置与培养模式、学生的学历层次和专业、社会资本、经济增长速度、就业制度变革、毕业生自身素质、行业收益差异和劳动力市场运行状况。一些学者还从就业形势、就业成本的角度对此展开了分析，借鉴国外促进大学生就业的措施提出了解决我国大学生就业问题的建议。

笔者认为，我国现阶段出现的大学生就业难，在一定程度上反映了大学生就业市场的供需状况。随着我国市场化改革的深入，大学毕业生的就业制度也发生了变化。1989年，我国正式推出"毕业生自主择业、用人单位择优录取"的双向选择制度，改变了之前由国家统一分配的就业制度。这意味着大学生就业由"旱涝保收"的就业体制走向了市场调节的就业体制，其就业状况、工资水平将由市场来决定。对大学生而言，工作搜寻过程对就业产生重要的影响，而这一过程在很大程度上又与大学生的配置能力有关。从某种意义上来讲，大学毕业生寻找工作的过程就是他们根据自身禀赋，综合各种资源的情况，把自己与最佳岗位相匹配的过程。笔者认为，不能简单地将大学生就业难完全归结为高等教育规模的扩展，从某种程度上讲，大学生就业难是由其配置能力较低导致的。

二、配置能力的定义及其重要性

配置能力是诺贝尔经济学奖获得者舒尔茨在《应对失衡能力的价值》一文中提出的一个概念，在文中他把人的能力分为学习、从事有用工作、娱乐、创造和处理经济失衡五类，其中，处理经济失衡的能力就是配置能力。舒尔茨认为，配置能力是被拓展了的企业家能力，从农民到企业家，从家庭主妇到刚毕业的大学生，所有提供劳务的人或者是自我雇佣者都或多或少地具有这种能力，这种能力就是在经济条件发生变化时，人们根据变化了的条件重新配置资源的能力。换句话说，当人类面临一种非均衡状态的时候，由于存在重新配置资源的经济激励，人们将尽自己最大的能力以应对这些激励，而不同人所表现的差异反映了他们在这种特定能力上的差异。这种特定的能力就是发现特定失衡并正确评价其属性，以决定是否值得采取行动的能力。如果人们认为值得采取行动，那么他们会重新配置资源。这种配置能力无疑是非常重要的，但是在人力资本理论中往往被忽略，因为它难以衡量，难以区分。舒尔茨指出，配置能力可以通过培训和教育的方式对人力资本进行投资而提高，也可以通过总结经济环境变迁的经验和技巧而提高。其中，教育的效应可以进行实证检验，实证结果表明，教育对配置能力而言，是一个重要的影响因素。

正如舒尔茨所言，对配置能力的研究往往被忽略，因此关于这方面的研究并不如人力资本理论其他内容那样多。我国的一些学者对配置能力进行了研究。陈凌和姚先国提出了狭义的配置能力和广义的配置能力概念，他们认为，狭义的配置能力与教育的工作者效应和配置效应有关，工作者效应由人力资本中所包含的生产能力引申而来，配置效应由人力资本中的配置能力引申而来。广义的配置能力就是人们感知、正确地把握和采取行动重新配置资源，应付非均衡状况的能力。他们认为，外部市场的信息扭曲和人力资本投资者对信息的错误加工可能造成资源的浪费或闲置，所以能够依据外界具体情况作出生产要素重新配置的能力尤为重要。赖德胜把人的能力区分为生产能力和配置能力。生产能力是指在一定的资源配置条件下，使产出最大化的能力；配置能力是指既定资源得到最优化配置，从而使产出总价值最大化的能力。借助这两种能力的划分，赖德胜对我国从应试教育模式向着素质教育模式的转变进行了深入分析。

笔者认为，对大学生就业而言，配置能力就是毕业生通过搜集各种工作信息并将自身情况与之匹配，达到自身收益最大化的一种能力。其实质是处理不均衡的一种能力，这种能力集中体现在大学毕业生的工作信息收集，向用人单位传递自身有效信息，处理招聘考核中的问题，以及在工作搜寻中与同伴、用人单位的沟通和协调等方面。

如果国家对毕业生"包得过多""统得过死"，就会大大限制大学毕业生和用人单位选择的自由，影响劳动力供需双方积极性的发挥，使得大学毕业生这种宝贵的人力资源难以实现最优配置。在这种情况下，大学生即使有主动寻找最大化发挥自己作用工作的动力，也只能"原地踏步"，配置能力作用发挥的空间很小。在自主择业、由劳动力市场机制实现大学生就业的情况下，配置能力变得重要起来，原因包括以下两个方面：

第一，在市场发挥作用的就业机制中，大学生需要以较强的配置能力来处理信息不均衡问题。在发挥市场主导力量的情况下，大学生实现自主择业，从体制上而言，就是对大学生的就业偏好实现最大的尊重。在这种情况下，大学生可以根据自身所学专业、个人兴趣等情况，结合市场需求情况，实现其效用最大化。当然，大学生的就业偏好包括工资、就业单位、就业地区等多个维度，在最大化效用的驱动下，大学生会搜寻各种就业信息，对比各个工作岗位的特点，选择最适合自己的岗位。简单地讲，就是把自身条件和这些岗位实现最佳匹配，这个过程看起来简单，实则不然。因为每个岗位都包含了工资、工作地点、工作能力要求等信息，如何在这些信息中选择出最为主要的因素、如何预测将来影响这些信息变动的主导因素和趋势，是需要很强的配置能力的。随着技术的发展，用人单位可以通过互联网、招聘会、报纸等媒体来发布自己的用人信息，对大学生来说，获取用人单位的信息尚不是问题，但从中筛选出有效信息绝非易事。更为糟糕的是，一些单位（出于某种原因）并不倾向于通过公众媒体发布需求信息，而只是在单位内部通过非正式途径或者在自己网站上公布，大多数毕业生在获得这些信息时已经过了时效。在通常情况下，这类单位还是大学生比较青睐的事业单位、国有企业等。

　　以上是大学生搜集外部信息的情况，而从其向用人单位传递信息来看，他们也同样可能遇到巨大障碍，这里以招聘会和网络招聘为例来进行说明。在各类招聘会中，用摩肩接踵来形容可以说毫不过分，每个用人单位接收到的简历少则几百份、多则数千份，在短短的几个小时里面，用人单位要通过详细阅读简历来了解应聘者的信息，并从中挑选出合意的人选，选出来的人在很大程度上具有偶然性。对应聘者而言，能被用人单位选中，运气占到了很大成分。网络招聘是近年来出现的新招聘方式，它在提高招聘效率、降低招聘成本的同时，也使应聘者面临着与招聘会同样的尴尬，通过网络申请一个岗位的人数恐怕要远远高于招聘会投递简历的人数，一个岗位的应聘与需求比达到上千倍的情况是比较常见的。对大学生而言，如何使招聘者在信息的海洋中选中自己，可谓是一门很大的学问。

　　第二，在面试中，大学毕业生用较强的配置能力来处理面试官所设立的种种问题，这些问题大多数是一种非均衡状态的表现。随着求职者的增多和人力资源测评的发展，许多单位的面试都有好几轮。在面试中，除了对应试者的信息进行简单了解，用人单位还通常会使用人力资源测评方法进行性格、反应速度、团队合作等方面的测试，一些考核甚至是直接以工作中出现的问题为考题，考查应试者处理问题的能力。如果说在笔试中，学生可以运用一些技巧，那么这种面对面的现场考查则需要应试者具有较高的配置能力，以应对考核中的种种不均衡问题。在面试中，面试官通常会给各小组分配一定的任务，这些任务需要组内各成员大力合作才能较好地完成，有时这些任务还引入一些竞争因素，如在两三个小时内各小组同时进行销售和市场占领。面试官通过应试者在完成任务过程中表现出来的行为来测评应试者的素质。以面试中经常使用的"小溪任务"为例，这种游戏就是给一组应试者滑轮、铁管、木板、绳索，要求他们把一根粗大的圆木和一块较大的岩石移到小溪的另一端。这个任务只有通过应试者的努力协作才能完成。主考官可以在客观的环境下，有效地观察应试者的领导特征、能力特征、智慧特征和关系特征等。

三、配置能力的获得途径

配置能力可以通过多个途径获得。借用舒尔茨的观点，配置能力可以通过总结经济环境变迁的经验和技巧获得提高，也可以通过培训和教育等方式对人力资本进行投资而提高。对大学生而言，学校教育和工作搜寻过程是其获得配置能力的两个主要途径，下面分析这两个途径及其对大学生配置能力的影响。

（一）学校教育

对应届毕业生而言，学校教育是其获得知识、培养能力的主要途径，因此配置能力也应该主要从学校获得。但是，我国一些大学的教育在很大程度上停留在应试教育上，更多的是关注知识的获得，而不是能力的提升。很多高校只是进行单纯的课堂讲授，而在实践与理论的结合上，投入和实践则明显不足。部分大学生在学校学习到更多的还是书本的编码知识和应试能力，一旦走入社会、遇到问题，就会变得束手无策，不知道该如何配置和利用已有的知识，如何随机应变地将理论运用于实践。要解决这一问题，实现应试教育向素质教育的转变才是根本。在 2006 年 7 月举行的上海大学校长论坛上，北京师范大学、厦门大学等学校校长纷纷建议，本科应取消管理、法律等专业，其理由就是本科生没有相应的知识背景，没有必要的阅历，是不适合从事这些专业的。关于专业的去留与否，这里暂不讨论，但从这些专业的特点看，毕业后所从事的相关工作无一不是需要较强的配置能力的，如：法律专业的相关工作需要处理各种纠纷，协调各当事人的关系；管理类的工作更是需要协调整个工作团队，做好沟通、领导、分配等工作。那么，这些配置能力应该从哪里来呢？大学毕业生的工作不好找在一定程度上与配置能力低有关，但如果大学能够改善教学方式，加强素质教育，提高大学生的配置能力，就可以改变这种状况。单纯地将这些专业从大学中剔除，恐怕也并不是唯一的选择，更何况大学教育还有自身独特的优势。

（二）工作搜寻过程

工作搜寻过程是大学生提高配置能力的另一个重要途径，它是一个阶段性的学习过程。在这一过程中，大学生可以学习更多有效率、有效力的工作搜寻的技巧和方法，从而提高配置能力。通过具体分析大学生的工作搜寻过程，我们可以发现大学生是如何在工作搜寻过程中提高配置能力的。

第一，大学生要通过各种渠道搜寻招聘信息，并根据自身的需要对信息进行筛选和加工。在工作搜寻的初始阶段，大学生往往毫无头绪，只要看到工作信息就去投递简历，基本上是大海捞针式地搜寻信息，这样既花费了大量的时间、精力，又降低了找到有效信息的概率，更有甚者，还可能被一些虚假信息欺骗。随着工作搜寻的推进，大学生开始互相请教，总结自身经历，交流筛除虚假信息和无效信息的经验，甚至建立起协作体系，一起分享工作信息，互通有无。这样，较之工作搜寻初期，大学生获取有效信息的能力大大提高，其潜在雇佣者也逐渐明确起来，求职成功的概率大大提高。

第二，在获得有效工作信息后，大学生开始投递简历并参加招聘考核（笔试和面试），这是成功求职的关键一环。开始的时候，大学生往往遭遇简历石沉大海的尴尬，好不容易得到面试的通知，在面试中又抓不住重点，不能很好地表现自己，或者说无法在短短的十几分钟内向用人单位展示出起关键作用的信息，最终无功而返。随着面试经历的增加，他们会不断地了解劳动力市场，了解用人单位的需求，了解自身的优势和劣势，对自己的定位进行调整，合理配置自身资源以适应就业市场。以最为基本的简历制作加以说明，一些大学生在简历中介绍自己时面面俱到，为了在简历中表现自己的组织协调能力，极尽夸张之能，在描述实习经历时用到"负责公司某某项目"这样的语句。也有大学生在投递简历时，不管面对的是哪家公司、哪种职位，都会递上内容相同的简历，导致简历的回复率很低。为了找到问题所在，他们会向周围得到面试机会的同学请教，同时也从各种就业网站上面吸取经验。之后，他们会站在更为客观地分析自己的优劣势，突出个人特点，在描述实习经历时也改用更为恰当的词语，比如"协助""参与"，简历也会变得更有针对性。通过这些努力，大学生简历的回复率也会大大提高。

面试是决定能否成功签约的重要环节，除了大学生自身的知识储备、与工作的匹配程度，面试技巧也是非常重要的。面试技巧是可以通过实践（面试本身）学习而来的。面试活动需要大学生以较强的配置能力来应对，而在应对种种面试中的非均衡状态过程中，其自身的配置能力也会得到提高。在面试过程中，大学生一方面通过自身的经历积累经验；另一方面，直接接触有经验、工作搜寻成功的人，与他们交流，学习成功先例，如参加校园求职经验交流会，或者在网络上进行交流学习。通过这些方式，大学生可以在求职过程中不断提高自己的资源配置能力，在面试中展示出最好的一面，从而提高面试通过率。

在国外有关动态工作搜寻行为的研究中，一些实证研究证明了上述观点。这些研究认为，工作搜寻行为的改变是一个阶段性的学习过程，大学生在这一搜寻过程中学习到更多有效率的工作搜寻的技巧和方法，从而提高他们的配置能力，得到更好的就业结果。巴博·爱特尔（Barber Etal）等人研究了大学毕业生的工作搜寻行为以及他们的就业情况。爱特尔分别观察了搜寻过程早期也就是刚毕业以及未就业者毕业 3 个月以后的工作搜寻行为，在其研究中，信息资源利用程度、工作搜寻密度和信息获得量在工作搜寻者的整个搜寻期间被假定是可以改变的。研究结果表明，在搜寻的早期和晚期，信息资源利用程度、工作搜寻密度以及信息获得量会有一个明显的下降。同时，正规信息资源的利用程度以及未就业工作搜寻者在晚期搜寻阶段的搜寻密度会有一个明显的增加。

艾伦·萨克斯（Alan Saks）在很多方面拓展了爱特尔的研究，关注那些在毕业前的最后一个学期还没有找到工作的毕业生的工作搜寻行为，观察更广的搜寻行为包括准备和积极的工作搜寻以及工作来源，搜寻密度和动作搜寻的焦虑情绪。其研究结果表明，毕业生在搜寻工作过程中会增加积极的工作搜寻行为，而这种积极的搜寻行为、更高的搜寻密度、工作资源利用率的提高以及焦虑情绪的降低会明显地改变就业结果。其中，工作资源利用率的提高、焦虑情绪的降低可以看作毕业生配置能力提高的标志。

在国内，在大学毕业生的求职过程中，求职技巧、对企业的了解程度以及对企业需求的了解将是影响求职结果的重要因素，而越来越多的大学毕业生也意识到要想找到好工作，仅有扎实的专业知识还不够，还需要在实践中沟通协调以及提高应变能力。在劳动力市场上，大学毕业生急切地需要了解面试的相关技巧以及企业的需求，大学毕业生所看重自身应具备的能力中，沟通能力、适应能力更多的是配置能力的具体表现。而从需求方对大学毕业生能力的期望看，也更凸显出配置能力的地位。

四、提高配置能力的措施

根据上述分析，配置能力在大学生就业中起着重要作用，其获得主要来自学校教育和工作搜寻过程中，而学校教育这个途径在提高大学生的配置能力方面存在许多尚需改善之处。因此，为了改善大学生的就业状况，应该采取以下措施来提高他们的配置能力：

第一，在学校教育中，加大素质教育的强度，从根本上改变应试教育的模式，努力提高大学生的配置能力。增强素质教育的有效途径是多方面的，比如：给大学生提供更多的选修课程；实行弹性学制；增加人文教育内容；延长图书馆开放时间，增加图书馆的藏书量；进行教学改革，在教学过程中尽可能地设置不均衡状态，突出教学内容的选择性、问题性等，通过鼓励大学生参与教学过程，提高他们处理不均衡的能力。

第二，对成功就业的大学生进行动态跟踪，为在校大学生提供经验。学校应该尽量创造已就业的毕业生与即将毕业学生的交流与沟通的机会和渠道。已就业毕业生的工作搜寻经验和教训可以让即将毕业的学生少走一些弯路。

第三章　供给侧结构性改革背景下
大学生的职业发展

第一节　职业生涯目标

本节的内容主要围绕以下问题展开：什么是职业生涯目标，设定职业生涯目标对大学生有何意义，设定职业生涯目标时要遵循什么样的原则，职业生涯目标设定的步骤有哪些，如何去实施个人的职业生涯目标，如何对职业生涯目标进行评估与修正。

一、职业生涯目标设定

研究多数成功者的成长之路可以发现，他们的成功往往与他们尽早地确立明确的人生目标有关。如果在走进职场之前明确自己的方向和目标，制定较为具体可行的实施计划并付诸行动，那么我们在人生道路上就会事半功倍。对于即将走上职场的大学生来说，设定适合自己发展的职业生涯目标是十分重要的。

（一）职业生涯目标的内涵

目标一词最早来源于体育界，最初指的是赛跑终点。后来，目标泛指努力或奋斗所要达到的预期目的。同样，职业生涯目标一般被定义为一个人希望从自己的职业生涯中获得的结果，是有关职业生涯发展的、可以预见的，有一定可能性的最长远的目标。

职业生涯目标可以分为概念目标和行动目标。概念目标属于哲学层次上的一个目标，是对人们想参与的工作经历的一种本质性的概括，但是没有指明是哪种具体的工作，它反映出的是一个人的价值观、兴趣、才能和生活方式偏好。行动目标是把概念目标变成具体的工作，也就是实现概念目标的一种手段。如某人力资源经理助理其短期的概念目标是承担更多的监管人力资源运作的职责，广泛涉及人力资源开发的各个方面，其行动目标是 3 年以内成为人力资源经理。从更长的时间维度来看，其概念目标可能是参与人力资源规划和公司的长期规划，其行动目标则变为 6～8 年成为公司人力资源部总经理。因此，职业生涯目标会随着时间而改变，在设立目标时必须把概念目标具体化。

从时间维度看，职业生涯目标可分为短期目标、中期目标和长期目标。短期目标一般为 2 年以内的规划，主要是确定近期目标，规划近期完成的任务。中期目标一般为 2～5 年的目标与任务，处于长期和短期目标的过渡阶段，是对已经执行过的短期目标的总结，对未来生活的展望。长期目标是对未来 5～10 年的职业生涯规划，主要设定较长远的目标，以及实现此目标应采取的具体措施。

（二）职业生涯目标设定的意义

有学者曾经指出："目标之所以有用，仅仅是因为这能帮助我们从现在走向未来。"目标反映着个人的理想、胸怀、价值观，影响着一个人的奋斗过程及成就，适当的目标是成功路上的导航仪。目标的重要性已被多项研究和事实所证实。职业生涯目标的设立是设计个人职业生涯发展规划的第一步，也是职业生涯发展规划的关键。

1.设定职业生涯目标能使人更积极、更乐观地看清使命，坚持不懈

明确的职业生涯目标既是一个人努力的依据，可以给人提供一个可以看得清的"射击靶"，也是对人的鞭策。随着职业生涯目标的不断实现，个人会获得更大的成就感，从而会更积极、更乐观。一项研究发现，那些设定了未来一两年内具体目标的职业规划者要比那些没有具体目标的人乐观得多。所以，当我们规划自己的职业生涯时，千万不要低估了制定可测目标的重要性。

2.设定职业生涯目标能使人用战略思维来面对目标，分清轻重缓急

明确而适合的目标是职业生涯中的灯塔，将指引人们走向成功。设定的职业生涯目标越具体，就越有可能制定出有效的战略来实现这一目标。而明确的职业生涯目标，也确实可以使人分清轻重缓急，从而提高工作效率，增强抗冲击能力。

3.设定职业生涯目标能减少求职过程中的焦虑与情绪波动

现代社会到处充满着激烈的竞争，要想在这场激烈的竞争中脱颖而出，就必须定位好自己的职业生涯目标，避免求职过程中的盲目行为。许多大学生在求职不顺时容易出现焦虑、沮丧、急躁、盲从等不良心理，归根到底是缺少明确的职业生涯目标，出现简历乱投、人云亦云、左右摇摆的局面。有了清晰的认识与明确的职业生涯目标之后，大学生才能减少求职过程中的焦虑与情绪波动，更好地走向职场，取得职业生涯的成功。

（三）职业生涯目标设定的原则

美国著名管理学家彼得·德鲁克（Peter Drucker）在 1954 年出版的《管理的

实践》一书中首先提出"目标管理与自我控制"的主张，并随后在《管理——任务、责任、实践》一书中对目标管理作了进一步的阐述。目标管理最大的优点在于它能使人们用自我控制的管理来代替受他人支配的管理，激发人们发挥最大的潜能把事情做好。

目标管理中所采用的SMART原则尤其适用于对职业生涯目标的确立作深入细致的分析。只有使自己的职业生涯目标符合原则的要求，该目标才可能是客观的、科学的，具有指导意义的。SMART原则具体内容如下：

S（Specific）：目标要清晰、明确、具体，让自己和别人都能够准确理解。

M（Measurable）：目标要量化，可以采用一定的手段测量和评定。

A（Attainable）：目标要通过努力可以实现，也就是目标不能过低和偏高：目标过低则无意义；偏高则无法实现。

R（Relevant）：目标要和工作有相关性。

T（Time-based）：目标要有时限性，规划的时间一到，就要对结果进行考量。

根据SMART原则，职业生涯目标的设立可遵循以下原则：

1.长期性原则

目标的制定一定要立足长远，只有这样才能为人生设定一个方向，使大学生能集中力量紧紧围绕这个方向作出努力，最终取得成功。

2.清晰性原则

目标一定要清晰、明确，可以用指标量化，并转化成一个个可以实行的行动，人生各阶段的线路划分与安排一定要具体可行。目标如果含混不清，则起不到任何作用。

3.可行性原则

制定目标时要有事实依据，要根据个人特点、单位发展需要和社会发展需要来制定。确定目标时，大学生应对自身所处的内外环境进行分析，将目标建立在个人优势上，让自身处于主动有利的地位。

4.挑战性原则

确定的目标要恰到好处，不要太高或太低。要在可行性的基础上具有一定的挑战性，要完成目标必须付出一定的努力，这样成功之后才能拥有较大的成就感。

5.适时性原则

职业规划是预测未来的行动，确定将来的目标，因此各项主要活动如何实施、完成，都要有时间和顺序上的妥善安排，以作为检查行动的依据。

6.持续性原则

人生每个发展阶段应能持续、连贯、衔接，各具体规划与人生总体规划应有较大的相关性，不能摇摆不定，造成个人时间和精力的浪费。

（四）职业生涯目标设定的步骤

职业生涯目标设定的步骤大致可分为以下三步：

1.自我评估与定位

大学生进行职业生涯目标设定的第一步，就是要对自我有一个全面客观的了解，包括职业志向的明确及职业兴趣、性格、能力等方面的自我识别与评估。

（1）确定职业志向

志向是事业成功的基本前提，没有志向，事业的成功也就无从谈起。俗话说："志不立，天下无可成之事。"立志是人生的起跑点，反映着一个人的理想、胸怀、情趣和价值观，影响着一个人的奋斗目标及成就大小。所以，在制定生涯规划目标时，首先要确立志向。这是制定职业生涯目标的关键，也是职业生涯规划中最重要、最基础的一个环节。明确清晰的职业志向还会让大学生在面对职业选择、困惑或挫折时坚定信念，产生毅力，由于目标的激励产生战胜一切的信心和战斗力，而那些没有职业志向的人在面对困难时往往就会选择退缩。

（2）自我评估

大学生进行自我评估的最终目的是认识自己、了解自己。因为只有认识了自己，才能对自己的职业作出正确的选择，才能选定适合自己发展的职业生涯路线，才能对自己的职业生涯目标作出最佳抉择。自我评估包括自己的兴趣、特长、性格、学识、技能、智商、情商、思维方式、道德水准以及社会中的自我等，可以通过霍兰德职业兴趣理论、气质测试等对自我进行测评。

总之，自我评估与定位就是要确定我是谁，我想干什么，我能干什么。在此过程中注意一定要运用科学的测评方式，避免自己的主观印象对结果产生偏差，同时还要多听取他人的意见和建议。

2.职业环境分析

设定职业生涯目标的第二步就是要了解周围的环境，特别是与职业生涯发展有关的工作世界。现代经济和科技的发展，尤其是网络技术的出现让我们所处的环境日新月异。在全面了解自己的同时，大学生必须充分考虑职业环境的需求和变化趋势，清楚地认识所处职业环境特征，评估职业机会，以谋求个人职业生涯的发展。对职业环境的分析包括职业生涯机会评估、职业选择以及职业生涯路线选择三个方面。

（1）职业生涯机会评估

职业生涯机会的评估，主要是评估各种环境因素对自己职业生涯发展的影响。环境因素主要包括政治环境、经济环境、社会文化环境、组织环境等。每一个人都处在一定的环境之中，离开了这个环境便无法生存与成长。所以，在制定个人的职业生涯目标时，大学生要分析环境条件的特点、环境的发展变化情况、自己与环境的关系、自己在这个环境中的地位、环境对自己提出的要求以及环境对自己有利的条件与不利的条件等。只有充分了解环境因素，才能做到在复杂的环境中趋利避害，使自己的职业生涯规划更有意义。

（2）职业选择

职业选择正确与否直接关系到人生事业的成功与失败。据统计，在选错职业的人当中，有80%的人在事业上是失败者。由此可见，职业选择对人生事业发展是何等重要。如何才能选择正确的职业呢？至少应考虑以下几点：性格与职业的匹配程度、兴趣与职业的匹配程度、能力与职业的匹配程度、专长与职业的匹配程度、所处内外环境与职业的匹配程度。

（3）职业生涯路线选择

在职业确定后，就需要选择职业生涯路线。职业生涯路线主要包括四种：行政管理型路线、专业技术型路线、混合发展型路线、创业型路线。

第一，行政管理型路线。这种类型的路线要求能够全面考虑问题，时刻从宏观角度思考问题，喜欢与人打交道，善于处理人际关系及影响他人，追求权力和管理，将管理职位视为自己的职业生涯目标。其发展阶梯一般是从基层职能部门开始，向中级职位、高级职位逐步提升。

第二，专业技术型路线。这种类型的路线主要包括工程、财会、生产、销售、法律等专业职能方向，要求有一定的专业技术性知识与能力，同时有良好的分析能力，这些知识和能力必须经过长期的积累与培训才能具备。该路线还要求对专业技术内容及其活动本身感兴趣，并追求这方面的提高。其发展阶梯一般是技术职称的晋升及技术性成就的认可。

第三，混合发展型路线。如果在开始时选择专业技术型路线，但也对行政管理型路线感兴趣，并且希望在管理领域做出一番事业，则完全可以跨越发展，这就是混合发展型路线。事实上，现代社会中的很多地方都有这样的客观要求。

第四，创业型路线。这种类型的路线是指在职业发展道路上选择创业。在客观上，该路线要求有良好的创业机会和适合的环境；在主观上，该路线不仅要求创业者具有强烈的创造愿望，而且要求其心理素质好，能够承担风险，善于发现和开拓新领域、新产品、新思维。

对于大学生来说，选择一条适合自己的职业生涯路线是十分重要的。由于职业生涯路线不同，对职业发展的要求也不相同，因此大学生必须在多种职业生涯路线中作出抉择，以便使自己沿着预定的方向前进。通常，大学生在进行职业生涯路线的选择时须考虑以下问题：我可以往哪一路线发展；我想往哪一路线发展；我适合往哪条路线发展。大学生要在确定答案后，进行综合分析，以此确定自己的最佳职业生涯路线。

3.确定职业生涯目标

在完成了自我评估与定位、职业环境分析之后，就进入了职业生涯目标确立阶段。职业生涯目标的确立，其实是对人生目标作出的抉择。其抉择是以自己的最佳才能、最优性格、最大兴趣、最有利的环境等信息为依据的。每个人在选择职业的时候总是希望选择那些适合自身特点而又有发展前途的职业，这样的职业生涯目标对于某些选择者来说可能不止一个，那么他就必须从多个目标中作出取舍。选择目标时应考虑到个人的精力和可能会面临的风险，因此目标保留的数量一般不应超过三个。保留多个目标的人，还应考虑协调几个目标之间的关系，争取使它们之间具备互补支撑和相互交叠的关系。

二、职业生涯目标实施

确定好要实现的职业生涯目标后，就要为如何实现这一目标而努力行动了。再好的目标如果没有落实到具体的行动上，或具体实施计划不清晰，缺乏可操作性，不加以有效管理、及时修正与评估，也会影响职业生涯发展的进程。因此，职业生涯目标的实施尤为重要。

（一）职业生涯目标实施的方法

找对方法，付诸行动，是将职业生涯目标落到实处的重要步骤。

1.职业生涯目标分解

要实现一个远大的目标，就必须将目标分解成若干个易于达到的阶段性目标，这种方法就叫作目标分解法，也就是将一个总目标分解为多个小目标。在实现目标的过程中，人们不用盯着总目标，只需关注和完成一个小目标，然后再追求下一个小目标，直到完成每一个小目标，总目标也就实现了。

职业生涯目标分解可以通过两种途径来进行：一是按性质分解，二是按时间分解。

（1）按性质分解

职业生涯目标按性质可以分为外职业生涯目标和内职业生涯目标。

①外职业生涯目标。外职业生涯目标侧重于职业过程的外在标记，主要包括职务目标、经济目标、工作地点目标和工作环境目标。

第一，职务目标。许多人在确定职务目标时，定位很模糊。例如："在两年之内成为公司的经理"，这个定位就比较模糊；而"在两年之内成为公司的培训主管"，这个定位是比较清晰的。清晰的职务目标要求必须明确是哪一类专业的职务，即"专业"加"职务"，如"人力资源经理""财务经理""负责销售的地区经理"等。

第二，经济目标。比如要在 30 岁之前赚取 20 万等。经济目标往往可以直接促进其他外职业生涯目标的实现。

第三，工作地点目标和工作环境目标。如果对工作地点或工作环境有特殊的要求和期待，就要在生涯目标中列出这两项。

②内职业生涯目标。内职业生涯目标侧重于在职业生涯过程中知识、经验的积累，能力的提高和内心感受。

有的人一生都在追求外职业生涯的目标：在哪个单位上班，工作性质是什么，职务是什么，工资有多少，上班地点在哪儿，工作环境如何，等等。他们往往忽略了内职业生涯的发展。通常，外职业生涯的这些因素是别人给予的。尤其是在职业生涯初期，这些外在因素是很容易被拿走的。我们如果只是去追求外职业生涯目标，就会经常陷于痛苦之中。内职业生涯的因素，即知识、经验、能力、观念、心理素质、身体健康、内心感受等，都不是靠别人给予的，而是一个人通过努力获得的，而且一旦获得，别人就无法从自己身上拿走，这是自己的无价之宝。因此，一个人在分解和组合自己的职业生涯目标时，外职业生涯目标与内职业生涯目标是同时进行的，而且内职业生涯目标是应该重点考虑的内容。内职业生涯目标主要包括工作能力目标、工作成果目标、心理素质目标、观念目标。

第一，工作能力目标。工作能力是对一个人处理职业生涯中各种工作问题的能力的统称。如能够和上级领导无障碍沟通的能力、能够组织大型公共关系活动的能力、能够组织结构设计的能力等。

第二，工作成果目标。工作成果目标指发现和应用新的管理方法，发表管理方面的文章，研制新的产品，创造新的销售业绩，等等。工作成果目标既有外职业生涯内容，又有内职业生涯内容。工作成果本身属于外职业生涯目标，如创造每年 900 万元的销售额。但在取得工作成果目标的过程中所获得的知识、经验等属于内职业生涯目标。本书将其列入内职业生涯目标，强调取得工作成果时内心的成就感等。

第三，心理素质目标。心理素质目标包括能够经受住失败和成功的考验，能够做到临危不惧、宠辱不惊，等等。最终能够实现职业生涯目标的人和最终没能实现职业生涯目标的人，区别并不在于是否在实现的过程中遇到困难，而是在于心理素质的不同。前者认真寻找真正的不足所在，并努力学习，掌握克服困难的方法；后者或者根本没有找到实现这些目标的方法，或者没有勇气找到合适的方法去解决所遇到的困难。心理素质可以通过情绪智力方面的培训加以提高。

第四，观念目标。观念是对人对事的态度、价值观。引导行为的主要因素不是知识，而是观念。只有设立正确的观念目标，才能走好人生之路。

（2）按时间分解

按时间分解是给按性质分解的职业生涯目标作出明确的时间规定。职业生涯目标按时间分解可以分为短期目标、中期目标和长期目标三种。

①短期目标的特征。目标可能是自己主动选择的，也可能是企业或上级安排的，被动接受的；目标未必由自己的价值观决定，但是可以接受；目标切合实际，具备可操作性；目标有明确具体的完成时间。

②中期目标的特征。结合自己的志愿和职业的环境及要求制定目标；基本符合自己的价值观，且愿意将其公之于众；目标切合实际并有所创新；目标能用明确的语言定量说明；目标有比较明确的时间，且可作适当的调整；全局眼光与长期目标一致。

③长期目标的特征。目标是自己认真选择的，和社会发展需求相结合；目标非常符合自己的价值观；目标有实现的可能，并有挑战性；目标能用明确语言定性说明；在一定时间范围内实现目标即可；对目标实现充满渴望；目标始终如一。

2.职业生涯目标组合

职业生涯目标组合是处理不同目标相互关系的有效方法。如果只看到目标之间的排斥性，就只能在不同目标之间作出排他性选择；而如果能看到目标之间的因果关系与互补性，就会积极进行不同目标的组合。

职业生涯目标的组合有三种方式：时间组合、功能组合和全方位组合。

（1）时间组合

时间组合分为并进和连续两种。

①并进。目标并进是指同时着手实现两个现行工作目标,如有的企业行政总监实际在完成人力资源经理和行政经理两项工作;或者指建立和实现与目前工作内容不直接相关的职业生涯预备目标,如一个秘书为了今后的发展,在做好本职工作的同时,业余学习人力资源专业的课程。建立和实现本职工作外的目标是具有长远眼光的表现,需要具备较强的时间管理能力和学习上的毅力。目标的并进可以理解为在做好本职工作的同时学习另一个专业的知识,也可理解为一个管理人员在管理专业和相关技术专业上同时发展。

②连续。目标连续指目标之间的前后连接,即实现一个再进行下一个。一般而言,短期目标是实现长期目标的支持条件。目标的期限性是相对的,随着时间的推移,长期目标成为中期目标,中期目标成为短期目标。只有完成好每一个短期目标才能实现最终目标。

(2)功能组合

功能上的组合分为因果关系组合、互补关系组合两种。

①因果关系组合。有些目标之间有非常明显的因果关系,比如:能力目标的实现(原因),将有利于职务目标的实现(结果);职务目标的实现(原因),会带来经济收入目标的实现(结果)。在通常情况下,内职业生涯目标是原因,外职业生涯目标是结果。

②互补关系组合。一个管理人员希望在成为一个优秀的部门经理的同时得到工商管理硕士学位,这两个目标之间存在着直接的互补作用,实际管理工作为工商管理的学习提供实践的机会,而工商管理的学习又为实际的管理工作提供理论和方法指导。

(3)全方位组合

对职业规划目标进行全方位组合是指个人事务、职业生涯和家庭均衡发展,相互促进,它涵盖了人生全部活动。要实现这一目标,就要求我们在制定职业生涯目标时,应当通盘考虑自己在个人发展、家庭生活和职业生涯中的各种愿望。事业不是生活的全部，任何一个人都不能离开家庭和休闲娱乐，完美的职业生涯规划不应把生活中的其他内容排斥在外，而是要在生活中的不同目标间建立平衡的协调关系。

（二）职业生涯目标实现的措施

实现职业生涯目标的主要措施有教育培训、实习实践、讨论交流等。

1.教育培训

彼得·圣吉在《第五项修炼》中说："企业未来唯一持久的竞争优势是比竞争对手学习得更快和更好。"其实个人也是一样，身处知识经济时代，一个人要想取得事业上的成功，就要不断更新知识、提升能力，提高自己的职业竞争力，逐步实现职业目标。教育培训就是根据目标要求制订相应的培训学习计划，从而提高个人的竞争力，使个人实现目标的过程。有效的教育培训一定是有目标的、切合被培训者实际的、具有可行性的。

（1）教育培训的基本步骤

教育培训主要有五个步骤，即确定教育培训需求、确立教育培训目标、选择教育培训方式、评价教育培训效果、反馈。

（2）教育培训的主要内容

教育培训的主要内容包括专业基础知识、工作技能知识、企业价值观、沟通交流技能、团队协作技能等。

其中，专业基础知识主要是指在职业生涯中运用到的最基本的和专业相关的知识体系和内容；工作技能知识主要是指通用技能知识和岗位技能知识；企业价值观主要是指企业文化精神和团队精神、企业运营中倡导的价值观念等。

（3）教育培训的主要形式

教育培训的形式多种多样。根据培训时期，教育培训可以分为职前培训、在职培训等；根据培训时间的长短，教育培训可以分为短期培训、长期培训等。

2.实习实践

实践是检验真理的唯一标准。实习实践是缩小能力差距最有效、最直接的方法。一个人可以通过参加实习实践活动巩固所学的知识，掌握书本上学不到的知识和技能。教育培训是一种学习，实习实践也是一种学习，而且是更重要的学习。在实习实践中学习更接近于工作中的学习，干什么学什么，缺什么补什么，这样的学习更有目的性，对个人的成长帮助也最大。

3.讨论交流

子曰："三人行，必有我师焉。"学生可以与同学、教师等讨论交流，以获得新知、灵感、经验，从而实现自我成长。在职业生涯规划过程中，一个人总能找到自己学习的榜样，如同学、老师、父母，甚至是竞争对手等，仔细考虑他们对自身职业生涯发展可能产生的积极影响，并从与他们的交流、探讨中学习有效经验和人生智慧，从而应用于自身的职业生涯规划。此外，良好的交流沟通能力也是一个人进行团队合作的基础。在讨论交流过程中，学生要学着构建自己的人际资源网络，让职业生涯更顺畅。

三、职业生涯目标评估与修正

人们在制定职业生涯目标时，由于对自身及外界的环境都不十分了解，最初确定的职业生涯目标往往都是模糊或抽象的，有时甚至是错误的。在此状况下，要使职业生涯规划行之有效，就需要不断地对职业生涯目标进行评估与调整，使之更加清晰、明确。另外，在目标实现的不同阶段，社会环境的巨大变化和一些不确定因素的存在，加之个人条件的变化，也会使我们当前的目标与原来制定的职业生涯目标有所偏差，这也需要不断对原来确立的职业生涯目标进行评估，根据评估结果对目标进行矫正甚至修改，以使职业生涯目标更加符合环境要求，符合个人条件和社会发展的需要。

（一）职业生涯目标评估与修正的意义

1.评估与修正是实现职业生涯目标的重要环节

只有完成了评估和修正，职业生涯目标的实现过程才是完整的。通过评估，可以修正对自我的认知，纠正职业生涯目标与分阶段目标的偏差。另外，职业生涯目标中的各阶段目标和实施计划，彼此之间也都不是孤立存在的，任何一个新目标都是以前一个目标完成的效果为背景和基础的。如果前一个目标的问题没有被发现和解决，必然会对新的目标造成不良影响。

2.评估与修正可使人们少走弯路

实践表明，不少人在经历了一段时间的职业实践之后，才了解自己到底适合哪个领域哪个层面的工作。在不对原来目标进行评估的情况下，这段时间可能长达十几年。许多人甚至要经历较大挫折才能突然发现自己的职业瓶颈。而对职业生涯目标进行评估就可以使人较早发现问题，及时修正自己的职业生涯目标，在职业舞台上绽放更多光彩。

（二）职业生涯目标评估的内容与步骤

一般来说，任何形式的评估都可归结为自我素质、行为与现实环境的适应性判断，特别是针对变化了的环境，分析自己的价值，找出偏差所在，并作出修正。

1.评估的内容

在职业生涯目标实施过程中，我们要经常反思一些问题：正在做的工作是自己最想做的吗？适合做这个职业吗？能如期完成既定目标吗？我们应该根据自己的规划，在每一阶段进行一次系统全面的评估，如每年或每半年进行一次评估，检查验证前期策略、措施的效果，及时纠正实现阶段目标过程中出现的偏差。评估主要包括以下三个方面的内容：对职业生涯目标的评估、对职业目标实施过程的评估、对职业目标实现结果的评估。

（1）对职业生涯目标的评估

对职业生涯目标的评估，即对实际行为效果与目标要求的差距进行分析。一般情况下，可以从以下五个方面进行：

第一，职业目标与价值观及兴趣的一致性，即职业目标与个人的兴趣、价值观相适应的程度如何。

第二，职业目标与个体需求的一致性，即职业目标帮助个人在职业中实现其潜能的程度如何。

第三，职业目标与组织需求的一致性，即职业目标帮助个人在组织中实现其潜能的程度如何。

第四，职业目标与环境需求的一致性，即职业目标帮助个人抓住环境给他（她）提供的机会，或避开环境所造成的问题或伤害的程度如何。

第五，职业目标对风险的接收力，即在多大程度上该目标能够迎合具有影响力的他人的偏好（如同事和家庭成员）。

（2）对职业目标实施过程的评估

对职业目标实施过程的评估，就是要检查目标实施过程中的计划和措施是否科学。每一个短期目标是否有明确的实现时间，所分任务是否具体，有没有设定完成的标准等，个人为实现目标所采取的措施是否有效、有效程度如何等，都要一一进行评估。对实施过程的评估应该先评估，后分析原因，要勇于接受不足，积极从自身找原因。

（3）对职业目标实现结果的评估

对职业目标实现结果的评估，即分析当前情况与当初目标的吻合程度，判断实际效果与期望值的偏差，研究出现偏差的原因。

2.评估的步骤

（1）确定评估的目的和任务

每次正式评估前，都应该首先确定评估的最主要目的和任务是什么，如职业目标是否正确，实施计划是否合理，实施效果是否达到预期。

（2）重新剖析自己的条件

在实践的基础上，重新分析自己的性格、能力、兴趣、价值观以及需求等因素，并与当初目标设定时的自我评估进行比较，发现自己的变化，找到自己的优势与不足。

（3）进行职业生涯机会再评估

结合现实的组织环境、社会环境、经济环境等，分析自己未来发展的空间及可能性。通过对这些的分析，结合本人的具体情况，评估有哪些长期的发展机会；通过对组织环境的分析，评估组织内有哪些短期的发展机会。

（4）全方位收集反馈信息

全方位收集反馈信息，即向工作领域及非工作领域中密切接触的人员了解自己的表现，征求他们的意见。对于大学生来讲，辅导员和同学的意见最为重要，因为他们和你相处的时间最长，关系最密切，对职业规划问题也最为关注，他们往往能够发觉你的变化，捕捉到你的失误点。学生可选择合适的时间、地点和反馈途径，把各方面的评估信息反馈给自己，然后进行仔细地甄别和分析，筛选对自己有用的信息。

（5）运用合适的评估方法

这里的评估方法是指在自我评价、收集信息、全面分析时所使用的科学方法，如 PPDF（个人职业表现发展档案）法、PDCA（"P"指 Plan，即计划；"D"指 Do，即执行；"C"指 Check，即检查；"A"指 Act，即处理）循环法、360 度反馈法等。

（6）得出结论

通过以上的评估步骤，得出评估的结论。将这些结论与开始时确定的评估目的和任务进行对比，得出结论。

（三）职业生涯目标评估的要点

1.抓住最重要的内容

评估过程中也不可能做到面面俱到，要抓住关键的几个要素进行评估。比如经过 2～3 年的时间，要评估某个人的短期或中期职业目标，影响职业生涯目标实现的因素可能很多，但在这一阶段，兴趣和能力是两个关键因素，所以要重点评估其职业兴趣和能力状况。

2.确立最新的职业生涯目标需求

职业生涯是一个漫长的过程，这期间无论是环境还是我们自身，都会发生很多变化。针对变化了的内外环境，我们要善于捕捉最新的趋势和影响，并与自己的职业生涯目标有机结合，与时俱进，探索确立自己的职业生涯目标以及实现新目标的计划方案。

3.找到突破方向

有时候，在某一点上取得突破性的进展将对整个局面产生极大的影响。想一想，先前职业生涯规划中的策略方案，哪一条对于目标的达成有突破性的影响。达到了吗？为什么没有达到？如何寻求新的突破？这样的分析和总结有利于后面实施进程中找到突破口，取得较好的效果。

4.关注弱点

所谓"木桶理论"也即"木桶定律"，其核心内容为：一只木桶盛水的多少，并不取决于桶壁上最长的那块木板，而恰恰取决于桶壁上最短的那块。根据这一核心内容，"木桶理论"还有两个推论：其一，只有桶壁上的所有木板都足够长，那木桶才能盛满水。其二，只要这个木桶里有一块木板不够长，木桶里的水就不可能是满的。在评估过程中，当然要肯定自己取得的成绩与长处，但更重要的是发现自己素质与策略的"短木板"，然后想办法修正，或者把这块"短木板"换掉，只有如此，你在职业生涯中才能取得更好的成就。

一般来说，你的"短木板"可能存在于以下几个方面：

（1）观念差距

观念陈旧往往会造成策略的失误，使人难以达到预期目标。

（2）知识差距

一个人所积累的相关知识较少，也难以达到预期目标。

（3）能力差距

环境在变化，对人能力的要求也在不断变化。尽管原来你通过种种努力提高了某些能力，但此时可能又会出现新的能力差距。因此，要根据环境变化及时关注并调整自身的能力，以达到预期目标。

（4）心理素质差距

很多时候，我们没有取得预期的进步，并不是规划得不够好，或者措施不够得当，而是与心理素质有关。一个人职业生涯的发展过程，往往也是其心理素质的发展过程。

（四）职业生涯目标的修正

职业生涯目标评估的最后阶段是要根据评估结果进行目标的修正。职业生涯目标修正的内容包括：职业生涯目标的重新确立和职业的重新选择，职业生涯目标实现路径的比较与选择，职业生涯目标在不同阶段的分目标，等等。

1.修正参考因素

职业生涯目标的修正以评估结果为依据，但在具体的修正过程中，我们不能一味地"生搬硬改",也需要考虑一些客观因素。

（1）环境因素

环境因素包括政治环境、经济环境、社会环境、科技环境、地域环境、法律环境等。我们要从宏观层面认识职业生涯发展的局限和可能,积极适应环境的变化。

（2）组织因素

组织因素包括组织性质、组织规模、组织结构、组织发展目标、人力资源规划、晋升政策、组织文化、人际关系等因素。组织因素一般是很难改变的,但个人可以选择到最适合自己发展的组织中工作。

（3）个人因素

个人因素包括年龄、性别、学历、工作经历、家庭背景、人格特点等因素。分析个人因素有利于正确认识自己,也有利于不断完善自己。

综上可知,环境因素一般是个人和组织无法改变的,只能适应。因此,个人要正确认识和分析组织因素、个人因素,以寻求个人发展和组织发展的最佳匹配。

2.修正要点

（1）要有一定的灵活性

现代社会,职业更新速度较快,我们必须随时准备转换职业角色,要善于灵活地从一个角色转换到另一个角色,积极主动地适应社会和环境的变化。

（2）要体现发展性

职业目标的修正不仅要着眼于某一专业知识和专业技能,而且还要看现在的社会正发生着怎样的变化,需要怎样的技能。从长远来看,在职场上,多掌握几种技能要比只精通一门技能更有前途。

（3）要与组织发展目标一致

个人的职业生涯目标要符合组织发展目标,这对于个人、组织和社会都具有重要意义。如何让个人的发展与组织的发展相一致，这是组织开发人才必须解决的一个问题，也是个人职业发展无法回避的问题。个人职业生涯目标的评估和修正必须考虑到组织，因为个人的职业发展不可能脱离组织所界定的规范和组织的发展目标。人是社会中的人，只有在团体和社会里，个人才能实现更大的价值。既能使个人成才，又能满足组织的所需，这才是最好的选择。

（4）要平衡其他人生目标

尽管职业生涯目标是所有人生目标中的重要组成部分，但人生目标还包括其他目标，如生活目标、家庭目标等。如果过度强调职业生涯目标，忽视了生活目标和家庭目标，协调不好工作、家庭和生活的关系，则很难长期保持工作中的出色表现。因此，要平衡好其他人生目标和职业生涯目标的关系。

职业生涯目标的评估与修正是个人不断认识自己和社会的过程，是保证职业生涯成功的重要手段。这种评估和修正贯穿职业生涯实施的整个过程，使新环境下的目标更加符合个人的长期发展，更加有利于个人在职场上取得成功。

第二节　职业发展决策

一、职业发展决策的含义、理论模型和意义

常常听人说，选择比努力更重要，选对了方向便是晴天，选错了方向便要走很多"弯路"。没有人会否认选择的重要性，因为没有正确的选择，再多的努力也将是南辕北辙。如果说职业是人生中很长一段时间的主旋律，那么职业发展决策就是实现理想生活的阶梯。

（一）职业发展决策的含义

职业发展决策，又称职业决策或职业决定，它的含义有广义和狭义之分。广义的职业决策是指职业规划的全过程，狭义的职业决策是指职业规划过程中的一个环节。

对于大学生而言，职业发展决策是指个人在职业发展规划过程中，通过自我和工作世界的探索，综合自我和工作世界两方面的信息，进行初步的职业抉择、设立职业发展目标、选择职业发展方向等的过程。具体来说，职业发展决策就是为规划自身职业发展所经过的提出问题、搜集资料、拟订方案、分析评价、最终选定、反馈调整等的过程。职业指导不是帮助大学生做决定，而是引导他们理顺个人思路，制定合适的职业发展目标。

（二）职业发展决策的理论模型

职业发展决策最初是作为职业心理咨询的一种手段被提出来的。职业发展决策一般有理性模型和非理性模型两种，下面着重介绍它的理性模型。

1.Tiedeman 模式

泰特曼（D. Tiedeman）认为，职业发展与人的心理发展是同时进行的，并强调自我同一性发展与职业决策发展的一致性，他于 20 世纪 50 年代提出了一个以分化与整合贯穿职业决策过程的模式。

一般来说，分化是一个自我评价的过程。在决策过程中，分化指对可考虑事件做分析；整合则是将分化的部分再予以统合，以符合个体的需求。

整个职业决策过程分为两个阶段、七个步骤。第一阶段为预期阶段，该阶段分为以下四个步骤：

（1）试探，即考虑不同选择方向及可能目标。

（2）具体化，即经过对各种选择方向或目标优缺点的斟酌，厘清情况。

（3）选择，即选定一个能解除目前困扰的目标。

（4）明确化，即再审视，调整目标。

第二阶段为实践与适应阶段，该阶段包括三个步骤：

（1）入门，即根据所定的目标开始行动，在新的环境中，争取他人的接纳。

（2）转化，即调整步伐与心态，专心一志，肯定在新环境中的角色，全力以赴。

（3）整合，即个人的信念与集体的信念达到平衡与妥协。

其中，第一阶段的主要任务是做出职业发展决策，第二个阶段的主要任务是对前一阶段决策的实践和检验。在决策过程方面，他们强调再分化与再整合。这种分与合的过程扩大了整体的自我经验，形成更丰富的自我内涵。

Tiedeman 模式注重职业发展决策历程，并特别强调个人的独特性和主动性。泰特曼将职业发展决策视为一个连续的过程，认为它与个人心理发展同时进行，只有通过问题的解决，以个体的整体认知能力为基础，把个体的独特性与职业世界的独特性结合在一起，才能做出合理的职业发展决策。该理论强调决策问题的终身性、决策过程的反复性、决策结果的主观性，对职业发展决策理论模式的发展具有积极意义。我们也应明白，Tiedeman 模式仅仅是职业发展决策过程的理论描述，不够具体和深入。

2.Gelatt 模式

盖拉特（L. Gelatt）于 1962 年提出职业发展决策过程模式。他将职业发展决策过程分为以下五个步骤：

（1）个体意识到做出决策的需要，并制定决策的目的或目标。

（2）搜集与目标或目的有关的信息，同时调查所有可能的方案。

（3）对搜集到的信息进行预测，估计可能的结果以及结果出现的概率。

（4）根据价值系统，评价结果是否满足需要。

（5）决策的选择，根据可能的结果及结果的价值，按照一定的标准，做出决策。

盖拉特认为决策有两种，即终极性决策或调查性决策。终极性决策是指与目的或目标一致或相关的决策，调查性决策是指还需进一步考察的决策。他还认为，预测系统和价值系统的内容比决策标准更容易观察到，而且远不如决策标准复杂，所以提高信息服务将增加作出好的决策的可能性。

盖拉特采用新的态度、新的思维方式，提出了"积极的不确定论"。所谓积极的不确定，是以积极乐观的态度，面对及接纳做决策时的不确定以及成功概率的不确定，以直觉、开放的心态面对职业发展决策。

Gelatt 模式起初的决策策略是线性的、客观的，依靠左脑思考，追求确定，要求一致；新的决策策略是主观的、非理性的，使用全脑思考，要求弹性，接受不确定。盖拉特看到了旧方法的缺陷，他提出决策者应根据新环境、新职业的情况作决策。这有积极意义，但如果完全非理性化，将使决策丧失规范，丧失决策研究的价值。

3.Katz 模式

卡兹（M. Katz）在经典的决策理论基础上提出了个人对职业发展决策理论的见解。该理论包括决策者使用的三种系统：信息系统、价值系统、预测系统。他特别强调检查决策者的职业价值观。他认为职业价值观是职业选择中知觉需要及目标的综合。好的决策应该是选择具有最大期望值的选择对象。价值是对追求满意的目标和需求的状态的描述，决策者应列出自己主导价值的清单，并依据它们相对价值的大小进行量化。对每一种选择，决策者要估计其回报强度系数，即每种选择满足主观上各种价值需求的可能性。这样，每种职业发展决策都会有一个与各种价值相关联的回报强度系数。用回报强度系数与各种价值大小相乘，其总和即可显示每一选择的回报价值。显然，那些最大限度满足最重要价值的选择对象，将会有最大的总和。回报价值与客观可行性的乘积得到期望价值。决策策略便是挑选具有最大期望价值的选择对象。

后来，卡兹在原有的期望价值论的基础上，推出了电脑辅助职业辅导系统，借助电脑辅助职业发展决策，使职业发展决策程序化、可操作。

Katz 模式强调职业价值观对职业发展决策的影响，并且将价值观数量化，进行精细的推算；同时借助电脑辅助系统，训练并增强决策能力。但人们能否对各职业的各种回报价值、概率做准确的估计，还有待进一步研究。

4.Krumboltz 模式

库伦伯茨（John D. Krumboltz）吸收经典决策理论和阿尔伯特·班杜拉（Albert Bandura）的社会学习理论的精华，提出了职业发展决策的社会学习论模式。他先提出了影响职业发展决策的因素，又提出一个帮助他人进行职业发展决策的模式，并不断修订模式的步骤，后来还注意到决策的个人规则、相应的困难以及解决困难的方法，如职业发展决策模拟，使用心理测量工具，使用职业信念量表等。

该模式强调学习的重要性以及它对职业选择的影响，把职业发展决策看作一种习得的技能，并主张职业发展决策技能是可以在教育和职业辅导课程中学习的，特别强调教授识别影响职业发展决策的因素。尽管库伦伯茨试图简化职业发展和职业发展决策的过程，但还是列出了太多的变量，使得有效的过程显得极为复杂。应该肯定的是，他详细指明了辅导的目标，以及实现目标的策略。

（三）职业发展决策的意义

职业发展决策的意义是不言而喻的。每一个人都希望自己的职业发展能够顺顺当当，少走弯路。职业发展决策的意义主要有以下几点：

1.正确的决策会让人走向成功，错误的决策会让人遭遇失败

俗语说，男怕入错行，女怕嫁错郎。现在社会，不管男人还是女人，其实都怕入错行，因为人的生命有限，有的时候一步错，步步错。职业发展决策是一个人一生中至关重要的事情之一。职业发展决策的正确与否，往往对一个人的一生有着重要影响。正确的决策，能指引一个人沿着正确的路线、科学的方向前进，进而顺利实现目标并取得成功；错误的决策，会使一个人选择错误的方向，走上错误的路线，最终实现不了既定目标。人们常说，看一个人是否成功，不是看他多么勤奋能干，而是看他的选择是否正确，选择错了，越勤奋越与奋斗目标相去甚远。

2.科学合理的职业发展决策能够帮助人正确分析判断自我和环境，从而做出理性的、正确的人生选择

很多学生初入大学校门时，问得最多的问题就是：我们的专业怎么样，就业前景好不好。这些问题实际就是职业发展决策问题。在学校里，经常会有愁容满面的学生出现在职业辅导咨询室里，提出诸如此类的问题："我是大四的学生，即将毕业，我不知道自己是应该继续深造还是就业。我不喜欢自己的专业，但是听说本科生工作比较难找，研究生就业可能会容易一点吧，我应该怎么选择呢？""我学的是生物专业，专业课基本都 60 分万岁，但是我对经济比较感兴趣，看了大量经济方面的书籍。现在即将毕业，我不知道该如何找工作，应该找什么样的工作。"在这人生的重要关口，职业发展的关键阶段，很多人却不知所措，不知道该何去何从，不知道自己的方向在哪里，这多是因为个人对自己职业发展决策的不明晰。

大学毕业是人生一个重要的十字路口。在这一人生的紧要关头，对自己的职业作何种选择，将决定今后的发展方向。相当一部分学生的职业发展决策深受家长、亲友、校友以及社会等的影响，并不完全是他们自己真实能力和意愿的反映。一般情况下，能明确自己的职业方向、未来规划的学生并不多。如果大学生对自身职业发展没有规划，对未来没有方向和目标，基本上就会陷入盲目的状态中，找到什么就做什么、随遇而安、随波逐流。这样往往不利于其以后的职业发展。

职业发展决策是综合了个人对自我的认识以及对学校教育与职业信息等外在因素的判断，在面临职业抉择时所作出的各种反应，包括个人目标的确立、实施方案的制订与调整、方案结果的评估，而这个过程，会受到外在社会因素以及个人价值观、兴趣、性格、能力等内在因素的影响与制约。大学生学习职业发展决策的相关理论，有助于其明确职业发展方向，有助于其解决职业道路上存在的各种问题，有助于其找到符合自身实际情况的职业发展道路，有助于其实现自身的职业生涯目标。

　　3.理性而正确的决策加上不懈的努力，才能使人走向成功

在某种程度上，选择比努力更重要，这既强调选择的重要性，也不否定努力的重要性。目标确定了，方案制订了，如果不付诸行动，不付出努力，一切都等于零。

决策是职业规划的重要一环，作出正确决策一般要做到"四有"：有自我认知，有目标分析，有相关经历，有计划规划。从长远职业发展来看，决策前需要为此付出辛勤劳动，决策后更要为此做出不懈努力。只有将决策落到实处，不断努力，积极解决目标实现过程中出现的各类问题，进行必要的调整，才能获得成功。正确的决策是成功的前提，再加上不懈努力才能接近和达到目标。

二、职业发展决策的影响因素和类型

决策不是一件容易的事情，小到朋友的生日聚会穿什么衣服，大到选择人生的伴侣和从事的职业，都会让人犹豫不决。具体到职业发展，更是有不少人信心不足，害怕犯错、后悔，在作决策时左右为难、摇摆不定；也有人干脆拖延了事，所作的决定就是不作决定。如何进行有利于自身长远发展的职业决策，似乎已经成了一个难题。

（一）职业发展决策的影响因素

个体在作出职业发展决策时不可避免会受到多种因素的影响。影响职业发展决策的因素，一般包括三个方面：决策环境、决策者和决策机制。

1.决策环境

决策环境是个体进行职业发展决策时所面临的客观情况，这些客观情况是选项的组成部分。一般情况下，决策环境是相对稳定且不可改变的。构成决策环境的常见要素包括自然资源、人类活动和职业的固有性质。

（1）自然资源

很多依托自然资源而产生的职业，必然受自然资源分布情况的制约，如与煤炭、铁、铜等相关的职业，受相关自然资源的分布地域等的影响。

（2）人类活动

职业是人类为求得自身生存发展所开展的种种活动，其作为人类活动的一部分，必然受到其他人类活动的影响。社会经济发展状况是对职业发展影响最为频繁和深刻的因素，如产业转移、经济危机等都会带来职业变迁。因此，个人在做职业发展决策时，要慎重考虑经济社会发展状况。此外，文化传统及其所营造出的文化氛围亦影响个体职业发展，如在个人表现大致相当的情况下，不同文化背景下女性的职业发展状况仍不相同。此外，政治对于职业发展的影响也不应忽视，一定历史时期内的重大政治事件，如改革开放、国有企业改革等都影响了许多人的职业发展乃至人生际遇。现行规章制度、政策等对职业发展往往具有明显的指导作用，如鼓励、引导大学生积极创业的各种政策等。

（3）职业的固有性质

不同职业间存有差异，这些差异往往是职业的固有性质。个体在做职业发展决策时，必须重视职业的固有性质，如医护人员必须适应夜间工作，部分销售人员则常年出差等。

此外，产业、行业的发展有其内在规律，个体往往只能适应。

2.决策者

没有两个人是完全相同的，决策者也是如此，不同的决策者具有不同的特征。影响决策者个体特征的因素主要有以下几点：

（1）遗传特征

遗传特征主要指进行决策的个体的年龄、性别、种族、相貌、健康状况、健全状况（是否残疾）等。遗传特征的存在和发展遵循一定的规律，往往难以改变。

需要指出的是，在校大学生作为个人职业发展的决策者，年龄对其一生的职业发展决策有着重大影响。一般来说，大学时期是职业发展决策的肇始期，在此阶段，个体的自觉意识开始觉醒，个体开始认识到自己已经步入成年人的行列，在想象与现实中都不断以成年人的角色定位来行事，职业探索行为也最为频繁。但应当注意，在校大学生在初次进行职业发展决策时，其年龄上的成熟水平并不能等同于社会性的成熟。他们渴望并更加关注对自己的了解，更加努力地完善自己的心理功能以达到社会所要求的实用性。可以说，自我概念水平的提高，使大学生对于职业的偏好程度得以凸显，对于职业选择的社会化程度得以加强。

（2）家庭特征

家庭特征指家庭所在地、家庭经济条件、家庭社会资源水平、婚姻及姻亲家庭状况等。一般而言，处于发达地区、经济条件优越、社会资源占有率高、社会关系层次较高的个体，有能力使自身的职业发展路径更加明晰，从而相对顺利地完成决策。家庭特征在特定时段内相对固定，但从个体职业发展的全过程来看，家庭特征也可能发生重大变化，从而不同程度地影响个体职业发展的决策。

（3）教育特征

决策者的教育特征，既包含决策个体的一般学习，如所学专业、所获学位等，也包含决策个体后天习得的任务取向技能，即个体在面临工作任务时，所具有的能够有效完成任务的专业知识技能、可迁移技能和自我管理技能。例如：从事会计职业的个体，不但具备会计专业的理论知识，同时富于实际操作经验，且个性一般相对沉稳，对工作较为细致、认真。教育特征处在不断的变化发展中，对于职业发展决策的影响也始终存在。

（4）能力特征

能力特征即决策个体的个性心理特征。一般而言，对于职业发展决策影响较大的能力特征主要可概括为自我认知情况和职业认知情况两方面。自我认知情况包括决策个体对自身兴趣、性格、技能、价值观念等的探索程度和认识水平；职业认知情况则包括决策个体的个人成长经历，以及基于个体自身职业信息获取能力和职业发展经验的职业认识水平。个体的能力特征是影响其职业发展决策的重要因素，也是对于个体而言最为可控的因素。有规划地塑造自身能力特征，可以有效避免遭遇职业发展决策困难。

成功的职业发展决策促使个体最终达成与环境的和谐一致，这种和谐必然基于决策个体对于自我的清醒认识和对于环境的合理期待。在校大学生职业发展经验相对匮乏，往往会有不合理的职业发展期待，容易自我定位不准确，与环境相脱离。这种情况往往表现为对就业形势认识不清，个人就业态度不够端正，职业发展决策的功利主义和拜金主义等。

此外，个人成长经历也对个体职业发展决策产生影响，比如父母总是为自己的子女包办一切，不允许子女有自己的想法或喜好，那这个孩子长大到该独立进行职业决策的时候，就很难承担决策的责任，也往往没有自己的主见。再比如，某小学生恰好遇上了一位特别和蔼可亲、循循善诱的数学老师，于是对数学产生了浓厚的兴趣，对教师这一职业也怀有美好的向往。成年后，他极可能选择教师作为自己的终身职业。

而从当前在校大学生的职业发展决策情况来看，职业信息获取能力严重制约着大学生的职业认知，从而导致职业发展决策困难。一方面，在校大学生处于职业发展决策的探索阶段，在确定明确的职业目标之前要研究各种各样的职业，整合多种职业信息；另一方面，随着对社会生活的不断参与，现实与理想的差距急剧凸显，大学生的信息辨识能力发展相对滞后，由此变得犹豫，不知所措，无法做出明确的职业决策，更有甚者，会焦虑、沮丧、愤怒，甚至不敢正视现实，面对选择。

3.决策机制

决策机制即决策行为本身。一般而言，个体在进行决策时，通常都不可能获得全部的信息，也就是说，大多数决策都有预测的成分，都具有不确定性和风险。个体进行决策，也就意味着个体要对该决策的结果承担责任。可是，决策个体永远都无法保证决策的结果总是有利的，毕竟每个人都有犯错误的可能。所以，这种责任也常常伴随着一定程度的焦虑和不安，从而引发心理冲突。

心理冲突也叫动机冲突，是指个体在有目的的行为活动中，存在着两个或两个以上相反或相互排斥的动机时所产生的一种矛盾心理状态。心理冲突是人们的需要部分或全部得不到满足时的自然结果。职业发展决策中，由于个体特征、决策环境的多样性和不确定性，使得心理冲突成为决策机制中的重要组成部分。

一般而言，常见的心理冲突形式主要有以下三种：

（1）双趋冲突

双趋冲突是指两种或两种以上目标同时吸引个体，而个体只能选择其中一种时所产生的内心冲突。所谓"鱼，我所欲也；熊掌，亦我所欲也。二者不可得兼"就是一种双趋冲突，如：两门选修课都是自己喜欢的，却因时间等因素只能择其一；两个工作单位都比较理想，却只能选择其中一个。要解决这种冲突，必须放弃一个，或者同时放弃两个而追求另一个折中的目标。

（2）双避冲突

双避冲突是指两种或两种以上的目标都是个体想要回避的，而个体只能选择回避其中一种时所产生的内心冲突。这是一种左右为难、进退维谷式的冲突。比如不喜欢温习功课，可又怕考试不及格，复习和不及格都是想要回避的，但只能回避其一。

（3）趋避冲突

趋避冲突是指个体一方面要接近某个目标，同时又想回避这个目标时所产生的内心冲突。如：假期旅游很有吸引力，但因经济紧张又不想去；明明对某专业不感兴趣，却因其录取分数低而选择该专业；不喜欢某人，却不得不同其打交道等。

此外，还有双重或多重趋避冲突，是指必须在两个或两个以上的各有优缺点的事物或目标间抉择时产生的心理冲突。

心理冲突若不能及时获得解决，便会使人受挫折，形成心理应激和心理障碍，长久未能解决的心理冲突甚至会影响人的健康。职业发展决策中的心理冲突，也会加大决策的困难，甚至会影响决策的实施。

（二）职业发展决策的类型

决策是一件不容易的事，但它又是一件无法回避的事。要想进行科学的职业发展决策，首先要了解其类型。一般而言，职业发展决策有以下七种类型：

1.理智型

这种决策类型的人在事前会先规划，遇到问题时也会认真考虑事情的难易程度，以及自己的优缺点，希望寻求一个合适的解决办法。理智型决策的最大优点是自己是命运的主宰者，事情的成败好坏完全掌握在自己手里。这是决策类型中最好的一种。

2. 直觉型

这种决策类型的人将自己的直觉感受作为决策的基础。他们通常在作出决策后说不出什么理由，只是表示"就是觉得这样好"。直觉在人们对环境情况无法获得充分信息的时候会有一定效果，但往往会因自身先入为主的偏见而产生较大的误差。

3. 犹豫型

这种决策类型的人会花很多的时间和精力来收集信息，确认有哪些选择，并反复比较，却迟迟难以作出决策，他们常爱说的一句话是"我就是拿不定主意"。此种决策类型的缺点是就算收集再多的信息进行分析，决策者还是犹豫不决。因此，弄清决策者犹豫不决的原因很重要，比如想要追求完美，或者是害怕自己作出错误的决策等。

4. 冲动型

与"犹豫型"相反，这种决策类型的人遇到第一个选择就立刻抓住，不再考虑其他的选择或者进一步收集决策信息。他们的想法是"先决定，以后再考虑"。此种决策类型的人不愿意花时间、精力去探索，这种方式的危险在于风险太大。

5. 依赖型

这种决策类型的人在面对问题时，从不想着自己解决问题，一遇到事情，就习惯于听从父母、老师或者专家的意见。此种类型的决策方式最大的缺点就是盲目听信他人的意见，而不主动思考，这造成他们的选择在很大程度上并不适合自己。

6. 回避型

这种决策类型的人多持"船到桥头自然直"的观点，事前不做规划，遇到问题也不会仔细分析，将命运依附于外部形势的变化，总是认为"该怎么的就怎么的吧"。这种类型的决策方式最大的缺点是把自己的自主权完全交给命运，自己容易成为环境的受害者。

7.拖延型

这种决策类型的人习惯拖延对问题的思考和行动，"过两天再考虑"往往是他们的口头禅。拖延型的人心中常常有这样的想法：也许事情过几天就自动解决了。然而事实上，问题并不会自动解决，有时候甚至会越拖越严重。

三、制定职业发展决策的步骤

职业发展决策是一个复杂的认知过程。在这个过程中，从确立目标到开启行动以及进行必要的自我管理，我们要重新认识自我，重新评估客观世界，仔细考虑各种可供选择的职业，并作出最适合自己的职业发展决策。这是一个过程，而不仅仅是一个结果，其中的每一步，我们都要认真对待。

（一）确立目标

有一篇关于人生目标的调查发现，在一批学历、智力和环境条件都差不多的哈佛大学毕业生中，有27%的人没有目标，60%的人目标模糊，10%的人有清晰但比较短期的目标，只有3%的人有清晰而长远的目标。25年后，哈佛大学再次对这群学生进行调查时发现：3%有长远目标的人，在25年间朝着一个方向不懈努力，几乎都成为社会各界的成功人士，其中不乏行业领袖和社会精英；10%有短期目标的人，不断实现他们的短期目标，成为各个领域中的专业人才，大多生活在社会的中上层；60%目标模糊的人，有安稳的生活与工作，但没有什么特别成绩，几乎都生活在社会的中下层；而剩下27%的人，因为他们的生活没有目标，过得很不如意，常常怨天尤人，抱怨这个世界"不肯给他们机会"。

从这个调查中，我们可以看出目标对一个人职业生涯的重要作用。一个人事业的成败，很大程度上取决于有无正确而适当的目标。当一个人没有明确目标时，自己不知道该怎么做，别人也无法帮到他。大学生刚入大学时，一般会给自己定下宏伟目标，但是随着对大学生活的逐渐适应，各种各样的校园信息也扑面而来，有相当一部分学生开始迷茫，他们每天忙忙碌碌，参加各种各样的活动，准备一个又一个考试，却说不清楚自己真正想要什么，等到毕业时，才会感慨：如果能重新上一次大学，我一定会怎样怎样。大学生要把脚步放缓，随时审视自己的目标，调整自己的步伐，明确自己的目标和方向。只有拥有清晰的目标和方向，大学生才能不再迷茫，才能有行动的动力，有的放矢地进行课程学习，让自己的大学生活真正充实起来。

目标是职业发展决策的基础，在职业发展中具有不可替代的导向作用。职业目标应该是在权衡各种各样因素影响之后，根据自身的实际情况，积极正面地设立，所以目标设立的三原则就是：积极、可控、适中。

1.目标的设立必须是积极的

积极性主要是指设立的目标必须具有正能量，只有这样才会激发一个人的斗志。试想一下，如果你的大学生活目标就是得过且过，随波逐流，考试得60分万岁，那么你往往难以用积极的态度面对自己的大学生活。不想当将军的士兵不是好士兵。只有当个人对自己的职业发展方向有清晰的认识，且这个认识是积极向上的，他才会充满斗志。

2.目标的设立必须是可控的

可控性主要是指对一些可能会最终影响实现目标的因素的控制能力。有的学生说：我的职业目标是当一名高中教师。其实，这就违反了目标的可控性，因为你能否获得高中教师这个职位不完全取决于你的意愿。但是如果你将目标换成我要有申请高中教师职位的资格，那这个目标就是可以控制的。因为能否有资格完全取决于个人的奋斗，比如考取教师资格证、取得相应学历等。其实，人的一生中，你能够控制的只有你自己，所以你设立的目标也必须是你的目标。

3.目标的设立必须是适中的

影响一个人职业发展的因素有很多，有自身的因素，如能力、兴趣、技能等；也有外部环境的因素，如现实环境、实现条件等。合理的职业发展目标必定要经过反复思考、反复权衡，这样的目标才可以促进自己的成长。比如有的人月薪只有两千元，他给自己设立的职业目标是明年赚够一千万，那这个职业目标就很难实现，除非他买彩票中奖，一夜暴富。比如有的人从来没有弹过钢琴，听了一次音乐会后，就立志成为一名钢琴家，这个目标实现起来难度也很大，很有可能会半途而废。目标的设立一定要结合自己的实际情况及外部环境因素。

（二）开始行动

目标确定以后，就要开始用行动实现目标。但是当改变的压力大于维持现状的痛苦时，人们往往会选择放弃目标。所以开始行动前和执行行动计划的过程中，我们要综合考虑各方面因素，这样才能保证既定目标的顺利实现。

1.现实条件和要求

知己知彼，百战不殆。作为一个社会人，或多或少会与各种组织有联系，职业决策也是建立在对环境因素了解和分析的基础之上的。在实现职业目标的过程中，我们要综合考虑各种各样的现实条件，分析条件的特点、发展变化情况、自己与条件的关系、在这个条件中的定位等，理清哪些条件可以帮助我们实现目标，哪些条件需要进一步完善，哪些条件会阻碍目标的实现。利用一切可以利用的条件，对照目标要求完善现实条件，调动一切可以利用的资源，这样职业行动才会落到实处，也更有针对性。

2.真实自我

在为职业目标奋斗的过程中，我们要不断审视自我，要学会看清真实的自己，明确哪些是自己真正想要的、不能放弃的原则和品质，明确自己的行动与自己的最初想法是否一致。只有当我们依照符合自己健康发展要求的真实自我去行动时，才会感觉到满足。

3.必然的代价

在为职业发展目标奋斗的过程中，必然要付出相应的代价。比如，你的目标是出国深造，那你就要认真学习专业课，提高学分绩点，学好相关语言，准备相关考试等。这些事情必然要占用大量的时间，你需要付出相应的代价，如把逛街、娱乐的时间用来学习等。只有想清楚了为了实现目标付出的代价是什么，并认为自己付出的代价值得，行动的时候才会义无反顾。

4.可能的负担、压力和挑战

目标确立的最低标准应该是量力而行。目标确立后必然带来相应的心理上的负担、压力和挑战。目标的价值应是给人以鼓励，催人奋进。如果目标变成了沉重的负担，那么它不仅难以发挥其激励作用，而且还会让成功离你越来越远。如果你暂时还没有能力去当将军，那不如先把当好士兵作为自己的奋斗目标。在付诸行动的过程中，我们可以因势适当调整目标，正确认识目标，化压力为动力，充满信心，不懈努力，打造精彩人生。

5.持续的动力

林肯认为，如果一个人决定实现某种幸福，他就一定会得到这种幸福。如果你希望自己幸福，并始终相信自己会幸福，那你往往会朝着幸福的方向努力，并最终会得到幸福。任何一个事业成功的人，无不是先从专注于自己的那份工作开始，持之以恒加上机遇，最后成就一番事业的。那些不知道自己到底要什么的人，找不到持续的动力去做一件事情，往往一事无成。

（三）自我管理

良好的自我管理，可以帮助我们更好地适应周围环境，应对行动过程中出现的问题，纠正行动中的偏差，保证行动的成功率。

1.对结果保持开放

职业发展目标其实是由一个个阶段性目标组成的，当阶段性目标完成时，我们要及时分析收获是什么，感受是什么，哪些经验是可以总结的，哪些方面还需改进；如果目标没有完成，那是什么原因造成的，是不是目标设计得过高，完成有难度，是否应该调整一下目标；如果还没有采取行动去实现目标，那要问一下没有行动的真实原因是什么，这个目标是不是设计得不合理，是不是要重新制定目标。在对行动结果保持开放的基础上，我们要对事情和自己有清醒的认识，将事情按照轻重缓急进行分类，明确自己喜欢的事情和擅长的事情，有针对性地修正目标方向，以早日达成理想目标。

2.经历四个阶段

在为职业发展目标奋斗的过程中，人们一般会出现以下四个阶段：第一阶段，不知道自己想要什么，也不知道要设立什么样的奋斗目标，也不知道自己有没有能力去实现目标；第二阶段，经过自我探索和对工作世界的探索后，进行初步的职业抉择，确定大体的发展方向，这个时候，就是有意识、无能力的阶段；第三阶段，随着自己的欲望越来越强，技能的储备就显得尤为重要，在加强了技能的训练之后，有着明确的奋斗目标，朝着这个目标努力，这就是有意识、有能力的阶段；第四阶段，随着奋斗过程的深入，技能储备越来越多，能力的提高越来越显著，最后触类旁通进入别的职业领域，重新设计新的职业生涯目标，这就是最终的无意识、有能力阶段。当我们走完这一遍循环时，相信职业已经变成了一项事业。

四、制定职业发展决策的方法

职业发展决策是职业生涯发展的一个非常重要的环节，是形成职业发展规划的前提。掌握有效的职业发展决策方法不仅可以帮助大学生在踏入职场的第一步抢得先机，更有助于他们在今后的职业发展中把握机遇，取得职业生涯的成功。职业发展决策方法有很多，主要有 CASVE 循环法、决策平衡单分析法、SWOT 分析法、PLACE 评价法等。

（一）CASVE 循环法

CASVE 循环就是一种职业生涯规划决策技术，包括沟通（Communication）、分析（Analysis）、综合（Synthesis）、评估（Valuing）和执行（Execution）五个阶段，能够为个人或团体提供帮助。在进行重大决策时，要尽可能地考虑到决策所涉及的方方面面。CASVE 循环法可以在整个职业生涯问题解决和决策制定过程中提供指导。

1.沟通

沟通，指个体通过与内外部信息的交流后发现理想和现实的差距，这一阶段是决策的开始。如果一个人没有与内外部进行交流，没有意识到自己的需要或者说不足，则后面的阶段就无从谈起。内部的信息交流通常指个体自身的身心状态，比如在找工作的过程中，你可能会有焦虑、抑郁、受挫等情绪，疲倦、头疼、消化不良等身体状态，这些都是提醒你进行内部交流沟通的信号。外部的信息交流，是指外界的信息对个体的影响，比如宿舍同学都去参加各种各样的活动，而你天天在宿舍睡觉，这个时候，你就应该考虑去参加培训，为找工作打下基础。个体只有在内外部的交流过程中，产生了需求，才有动力进行下一阶段的决策。

2.分析

分析，是指个体通过思考、观察和研究，了解自己，评估现状，通过对所有信息进行分析，从而更好地理解现存状态和理想状态之间的差距。

分析时先要了解自我，主要通过四个方面进行：首先要知道自己的兴趣是什么，明白自己喜欢做什么，做什么事情的时候最投入等；其次要了解自己的性格，是内向的还是外向的，关注的是宏观抽象的事物还是具体细节，倾向理性思考还是感性体验，习惯有条不紊还是随机应变等；再次要明确自己的能力，比如擅长做什么，什么事情做得比别人好，都掌握了哪些专业知识等；最后要明确自己的价值观。分析完自我之后，还要对现实环境进行评估，即每一个职业的相关信息、所处的环境、需要付出的努力等。分析是决策过程中最容易出现问题的阶段，如果在还没有弄清楚自己的情况前，就定下考研或者就业等的目标，盲目开始行动，走得越远，错误的概率就会越大。

3.综合

综合是根据分析阶段所得出的信息，确认自己的选择的阶段。首先，扩大选择范围，然后再逐步缩小，最终确定3～5个最可能的选项。通过分析阶段，我们可以根据自身情况列出对应的很多职业，将这些职业都写下来，就会得到一个范围很广的选择清单。然后，在收集信息的基础上，逐步缩小职业选择范围。最后，把最可能从事的职业限定到3～5个。值得一提的是，大学生不应匆忙做决定，要先探索选择范围内的职业，这种探索可以是通过社会实践或者短期实习进行的。

4.评估

评估，是从可行性和满意度两个方面对综合阶段得出的3～5个职业进行具体评价，并按评估结果对所有选择进行排列，得出最终的选择的阶段。

5.执行

执行，是整个CASVE的最后一部分，就是根据自己最终的选择，制订计划，采取行动。如果这个行动结果不让人满意，还需再回到 CASVE 循环法的第一阶段——沟通重新开始。

（二）决策平衡单分析法

在决策过程中，对心仪职业进行评估排序时，需要考虑到该决定所涉及的各方面的因素。决策平衡单分析法可以帮助人们具体分析每一个可能的选择，考虑各种方案实施后的利弊得失，最后排出优先顺序，确定选择方案。

使用决策平衡单时，首先要明确平衡单决策的维度与相关因素，防止出现"公说公有理，婆说婆有理"的局面；其次，要明确使用的步骤和注意事项，即明确评估的技术要求，以防止评估过程出现技术性的误差。

决策平衡单（如表 3-1 所示）将重大决策的思考方向集中到四个主题上，即个人物质方面的得失、他人物质方面的得失、个人精神方面的得失、他人精神方面的得失。

（1）个人物质方面的得失

这一方面主要考虑的因素包括个人收入、工作的福利待遇、工作环境、休闲时间、未来的发展机会、工作的胜任程度、对健康的影响等。

（2）他人物质方面的得失

这一方面主要考虑的因素包括工作给家庭带来的收入、工作对家庭地位的影响、与家人相处的时间、家庭可以享有的福利等。

（3）个人精神方面的得失

这一方面主要考虑的因素包括成就感、影响和帮助他人、自我实现、社会地位和声望、工作的创造性和挑战性等。

（4）他人精神方面的得失

这一方面主要考虑的因素包括父母、朋友、配偶、师长、同事等。

这些因素是决策平衡单的主要组成部分，也是对每个可能的选择进行理性分析的重要内容。

决策平衡单的使用步骤主要有以下几步：

第一，列出职业清单里 3～5 个最有意向的职业选项。

第二，根据四大主题，对每个职业选项进行打分，判断各个职业选项的利弊得失。

第三，对各项考虑因素加权计分。因为个体差异，每个人可以根据自身实际情况，对各个考虑因素设置权重，进行加权计分。

第四，计算出各个职业选项的得分。

第五，依据得分的高低排定各个职业选项的顺序，并以此作为决策依据。

表 3-1　决策平衡单

考虑因素		权重分值	选择一 得＋ 失一	选择二 得＋ 失一	选择三 得＋ 失一
个人物质方面的得失	1.个人收入				
	2.工作的福利待遇				
	3.工作环境				
	4.休闲时间				
	5.未来的发展机会				
	6.工作的胜任程度				
	7.对健康的影响				
他人物质方面的得失	1.工作给家庭带来的收入				
	2.工作对家庭地位的影响				
	3.与家人相处的时间				
	4.家庭可以享有的福利				

续表

考虑因素		权重 分值	选择一	选择二	选择三
			得十 失一	得十 失一	得十 失一
个人精 神方面 的得失	1.成就感				
	2.影响和帮助他人				
	3.自我实现				
	4.社会地位和声望				
	5.工作的创造性和挑战性				
他人精 神方面 的得失	1.父母				
	2.朋友				
	3.配偶				
	4.师长				
	5.同事				

（三）SWOT 分析法

SWOT 分析法，又称态势分析法，所谓 SWOT 分析，即基于内外部竞争环境和竞争条件下的态势分析，就是将与研究对象密切相关的各种主要内部优势、劣势和外部的机会和威胁等，通过调查列举出来，并依照矩阵形式排列，然后用系统分析的思想，把各种因素相互匹配起来加以分析，从中得出一系列相应的结论，而结论通常带有一定的决策性。运用这种方法，可以对研究对象所处的情景进行全面、系统、准确的研究，从而根据研究结果制定相应的发展战略、计划以及对策等。影响一种职业的因素分为内部和外部。其中，内部因素（"能够做的"）有：S 代表优势（Strength），W 代表劣势（Weakness）；外部因素（"可能做的"）有：O 代表机会（Opportunity），T 代表威胁（Threat）。

大学生在职业发展决策中运用 SWOT 分析法确定自己的最终职业方向的步骤如下：

1.评估自身的优势和劣势

每个人的气质不同，性格特征、天赋和能力也不同，但每个人都有自己擅长的领域和不擅长的领域。例如：有些人喜欢与人打交道，有些人喜欢天天在实验室做科研；有的人喜欢数字，见了数字就敏感，有的人就非常粗心，经常算错数等。在进行自我分析时，要找出自己的优势和劣势，以扬长避短，从事那些能展示自身优势的工作，放弃自己不擅长的领域。

2.评估行业的机会和威胁

不同的行业往往面临不同的机会和威胁，看清楚所向往的行业的机会和威胁，可以帮助人们找到一份最适合自己的工作。如果一个公司处于一个前途渺茫的行业里，它所提供的职业机会就会很少；反之，它所提供的职业机会就会很多。因此，在作决策之前，要列出你所感兴趣的行业，然后认真地评估这些行业所面临的机会和威胁，选择能使自己的能力充分发挥的领域。

3.列出 SWOT 矩阵

在认清自身的优势和劣势，以及外部环境的机会和威胁后，就可以构建自身的 SWOT 矩阵。该矩阵既可列明大学生的职业竞争力和发展机会，使之能够制定符合自己实际情况的职业生涯目标。

4.选择最匹配的职业目标

在 SWOT 决策分析下，职业发展有四种不同策略：

（1）S-O 策略（优势与机会策略）

S-O 策略是最理想的策略，指个人利用自身内部优势加强外部优势的机会。

（2）S-T 策略（优势与威胁策略）

S-T 策略着重考虑个人的优势因素和外部环境的威胁因素。个人应努力使优势因素趋于最大，劣势因素趋于最小，利用自身优势弥补外部劣势。

（3）W-O 策略（劣势与机会策略）

W-O 策略着重考虑劣势因素和机会因素，努力减少个人的劣势，使外部的机会趋于最大，即利用外部机会来弥补内部劣势。

（4）W-T 策略（劣势与威胁策略）

W-T 策略注重考虑自身的劣势与外部环境的威胁，目的是努力使这些因素都趋于最小。

（四）PLACE 评价法

PLACE 评价法要求考虑每个职业的五个要素和六个步骤。

1.五个要素

P，职位（Place）：一般责任、工作内容和有关单位。

L，位置（Location）：工作的地理区域和物理环境。

A，晋升（Advancement）：升迁机会和工作保障。

C，雇佣条件（Condition）：薪酬、奖金、工时、着装规范等。

E，准入资格（Entry）：相关的教育和培训经历等。

2.四个步骤

步骤一：将正在考虑的职业填写在职业名称中。

步骤二：按 PLACE 对该职业进行客观描述。

步骤三：用文字表达自己对于该职业 PLACE 五要素的评价。

步骤四：以 0～5 进行评分，从"完全没有吸引力"到"绝对吸引"。

第三节　职业发展的影响因素
和自我实现

从大学毕业到进入社会，参加工作，对于每一位毕业生来说都需要经历比较大的角色转变。环境的不同、任务要求的差别、人际关系的复杂等，很容易让初出校门的大学毕业生产生对自我能力的怀疑。很多人难以完成由学生角色向职业角色的转换，这个过程如同破茧化蝶一样，在痛苦中完成蜕变。

一、职业发展的影响因素

（一）职业道德

职业道德是同人们的职业活动紧密联系的符合职业特点的道德准则、道德情操与道德品质的总和，是社会道德的重要组成部分。不同的历史发展阶段和不同的经济发展时期，会有不同的职业道德标准。每一种职业都具有特定的职业责任和职业义务，从而形成了各自特定的职业道德的具体规范。职业道德要求从业者能够自觉遵守，有时以制度、章程、条例等形式表达出来，因此往往带有一定的强制性。

职业道德的主要内容有勤奋敬业、诚实守信、奉献精神、团队意识和高度负责等。

1.勤奋敬业

初入职场，要勤奋工作，用心去做每一件事，要全身心地投入工作，努力培养对工作的兴趣，要记住，机会是靠自己的勤奋换来的。敬业是基本的职业道德规范，是用人单位招聘人才的一项非常重要的标准，也是从业者成功获得职业不可或缺的因素。敬业表现为对工作勤勤恳恳、尽职尽责、精益求精、具有职业责任感和职业荣誉感。

2.诚实守信

诚实守信就是说老实话、办老实事，不弄虚作假，不隐瞒欺骗，不自欺欺人，讲信用，守诺言，言而有信，是职业道德的基本准则。诚实守信是立身处世的根本，也是职业道德的基本规范。在职场中要做到言行一致、表里如一；要言必信，行必果；要想尽一切办法达成诺言；要讲信誉，履行自己应承担的责任与义务。

3.奉献精神

奉献精神是职业道德的出发点和归宿，是对事业的执着追求和全身心付出，是用心去做每一件事，善待每一个人。当单位利益与个人利益发生冲突的时候，要把单位利益放在首位，不计较个人得失。具备奉献精神的职业人往往会受到大家的欢迎，也会取得成功。相反，贪图享乐、斤斤计较的人往往难以取得成功。

4.团队意识

团结协作、顾全大局是取得成功的关键。在如今社会分工日益细密、知识极其丰富的时代，一个人要想取得成功，就要有团队意识。大学生在未来无论从事什么样的工作，都要有团结意识，与团队成员上下同欲，内外同心，协同合作，共创价值。此外，还要有全局观念，但在实现团队目标的同时，也要使个人取得成功。

5.高度负责

比尔·盖茨曾说："人可以不伟大，但不可以没有责任心。"世上所有的成功者都具有共同的特征，就是拥有责任心，对自己的承诺负责，对自己的行为负责，对企业的信誉负责。因此，进入职场的毕业生对待每一项工作都要高度负责、一丝不苟、严谨求实。

（二）职业心态

英国著名作家狄更斯（Charles Dickens）曾经说过："一个健全的心态，比一百种智慧都更有力量。"心态决定命运，有什么样的心态就有什么样的人生。上帝在给你关上一扇门的时候，一定会给你打开一扇窗。然而，从同一扇窗户看出去，有的人看到的只是地上的烂泥，有的人看到的却是满天的星星。比如同样都是石匠，同样在雕塑石像，有的人会认为是在凿石头，而有的人会骄傲地认为自己在做一件艺术品。积极的职业心态能够让人的职业生涯更加美好。

1.乐观、自信、感恩

乐观指对事物的发展充满信心，是一种良好心态的表现。看世界的方式决定了行为方式，行为方式决定了能否成功。只有具有乐观的态度，面对职场中的合作或竞争，面对事业发展过程中出现的任何问题，才能充满希望与活力，在为人处世方面才会宽容豁达、虚怀若谷。

自信是对自己要充满信心，肯定自己的优点，遇到困难或挫折时，以积极的心态尽快找出解决办法，努力跨越挫折而不被其压垮。在职场中，切忌自怨自艾、悲观丧气，只有对自己充满信心，领导和同事才能对你充满信心。

感恩是对别人所给的恩惠表示感激。无论是在工作还是在生活中，都应该保持一颗感恩的心，别对现实生活过于苛求。在职场中，每一个工作任务的完成都离不开同事的帮助和领导的指导，要记得向对方表达自己的感谢，让他们知道你对他们充满了信任和感激，这是一种智慧，也是一种美德。

2.主动适应新环境

面对复杂多变、竞争激烈的社会环境，面对无数的挑战和机遇，步入职场的大学生应主动适应新环境。初入职场的大学生要学会客观评价自身与周围环境的关系，对自身作出正确判断，并发挥主观能动性，通过不断自我调节、自我管理、自我控制，形成认同感和归属感，从心理上认同个体所在环境，从而主动适应新环境。

3.善于改变自己

在职场中，改变别人往往很难，遇到问题应该积极从自身找原因，分析自己的理念、看法及认知等，站在他人角度或全局高度客观分析问题，从中寻找问题解决的突破点。同时，要辩证地看待自身的位置、角色、目标，与他人的关系等，避免带有感性的自我肯定或否定，不断通过客观的自我评价和环境评价，分析环境中涉及自身发展的有利因素和不利因素，明确自身优势和与当前环境不相适应的薄弱点，摆正自己的心态，积极改造自我，变被动为主动。

（三）职业习惯

职业习惯是指一个人长期从事某种职业而养成的极富职业特点的言谈举止。良好职业习惯的养成是建设职业化队伍必不可少的重要内容。

1.制定目标

一个人可制定人生终极目标、远期目标、中期目标和近期目标，然后将目标分解细化，坚持不懈地努力，以形成个人的核心竞争力。很多人并非不聪明，而是没有制定切实可行的目标，或者目标太多且经常变化，结果漫无目的、无所事事，最后一事无成。

2.高效的自我管理

高效的自我管理包括时间的管理、压力与情绪的管理。

（1）时间管理

日常工作中会有很多事务需要处理，合理分配时间有利于提高工作效率。工作中的事分轻重缓急，通常有以下四种：重要而紧急的事、重要而不紧急的事、不重要而紧急的事、不重要亦不紧急的事。重要紧急的事要马上做，比如危机或者限定期限的任务等，尽量在最短的时间内完成这些事情。重要而不紧急的事往往容易被忽略，但其实这一类事情的影响是深远的，比如学习新的技能等。不重要而紧急的事，可以不做，如果确实需要自己来完成，那就用最短的时间来完成这些工作。不重要亦不紧急的事情，尽量不去做，如果确实需要去做，那就限定时间。不要被无聊的事缠住，要把时间用在对你更有价值、更重要的事情上。

（2）压力与情绪管理

面对挫折和压力，要保持积极乐观的心态，合理应对各种压力给生活、工作、学习等带来的负面影响。要看到压力的两面性，既不过分夸大压力也不忽视压力，并积极将压力转化为动力。要掌握一些压力疏导的基本知识及方法，选择适合自身的压力缓解方式，如音乐疗法、阅读疗法、想象减压法、接受自己法、自我整合法等。

在情绪管理方面，要提高自己的情绪调控能力，保持乐观、开朗的精神状态，要采取适合自己且合乎情理的方式、方法，合理调节自己的情绪。面对不良情绪，要有信心，要善于自我反省，要学会向他人求助，以尽快消除自己的不良情绪。

3.持续的学习能力

比尔·盖茨说："一个人如果善于学习，他的前途会一片光明。一个良好的企业团队要求每一个组织成员都是那种迫切要求进步、努力学习新知识的人。"这里的知识不仅包括书本上的知识，更重要的还包括员工的态度、经验和能力等。因为任何一个单位能够生存发展，都是无数经验、教训和智慧的结晶，任何个人的能量都难以与之匹敌。所以到了一个新的团队，无论职位高低，无论能力有多强或者曾经多么辉煌，都要保持努力学习的态度。

（四）人际沟通

良好的人际交往是事业成功的前提。西方现代人际关系教育的奠基人戴尔·卡耐基（Dale Carnegie）指出："一个人的成功，只有15%靠他的专业知识，而85%要靠他良好的人际关系和处世能力。"职场的人际关系往往比学校的人际关系复杂得多，工作中既存在着领导与被领导的关系，又存在着合作与竞争的关系。如果个人能主动与领导、同事、下属和客户等进行积极的沟通，工作中就更易得到领导的赏识以及施展才华的机会。因此，如何正确地进行人际沟通，处理好复杂的人际关系，是初入职场的大学生必须学习的内容。

沟通是人与人之间相互理解的桥梁。加强人际沟通的方法很多，在这里笔者主要介绍以下几种：

1.学会倾听

在与人交流的过程中，要耐心、虚心、专心地倾听对方的话语。善于交谈的人，首先要学会倾听，要表达出对谈话的兴趣，同时要在倾听中保持灵敏的反应，鼓励和引导对方畅所欲言。倾听在人际沟通中有三个作用：一是表达了对对方的尊重和敬意；二是能够激发对方谈话的兴趣，使对方敞开心扉地诉说；三是通过倾听能够获取有效信息，从而决定采取何种沟通策略。

2.学会赞美

每个人都喜欢别人的赞美，这是人的本性。但是，赞美别人时要发自内心，要恰到好处，符合实际。赞美一个人，意味着对这个人的肯定，可以帮助这个人树立起信心。很多时候，一句赞美，一句鼓励，就能成为一个人努力的动力。善于发现别人身上的亮点，懂得赞美别人，这也是一种了不起的才华。赞美的力量非常之大，它甚至可以改变一个人的人生，获得赞美的人，会更加努力变得美好。

3.学会把握情绪

情绪具有很强的感染性，起着非常重要的作用，比如说话的语气和声调、面部神态的各种反应，都会影响到双方的交往。一张真诚的笑脸往往能缩短彼此间的距离，有助于双方的交往。同时，不同的情绪也会影响人们的交往。当人们情绪良好时，往往能很好地与别人进行沟通、交流。消极的情绪则会影响交往的顺利进行。把握情绪、成功驾驭情绪是成功交往的关键。因此，我们要学会把握情绪。

4.学会寻找话题

在沟通的过程中，寻找合适的话题是关键。要善于找到对方感兴趣的话题，使谈话和交流顺利进行。

5.学会拒绝

在人与人的交往中，当对方提出的要求你无法实现，或者对方的言行伤害了你的自尊时，如果一味地隐忍和退缩，不仅难以建立和发展人际关系，也会丧失自己的人格和独立性。因此，我们要学会拒绝。拒绝是每个人的权利，但要讲究方式和方法。要想巧妙地拒绝他人而又不伤害友情，同时获得他人的理解，需要掌握必要的方法，如顺水推舟法、含蓄暗示法等。

二、职业发展的自我实现

管理学中的"蘑菇定律"是非常适用于组织对待职场新人的一种管理方法。职场新人被分配到不受重视的部门，或被安排做打杂跑腿的工作，像他们自己所说的"吃的是杂粮、干的是杂活、做的是杂人"，而且经常代人受过，受到无端的批评、指责，他们缺少必要的重视、指导和提携。

"蘑菇期"的经历对年轻人来说是成长必经的一步。因为从基层干起，一个人才能了解企业生产经营的整体运作，在日后工作中方能更加得心应手；从基层干起，有利于积累经验、诚信和人气，这是成功相当重要的不可缺少的要素；从基层干起，可让员工经受艰苦的磨砺和考验，体验不同岗位乃至于人生奋斗的艰辛，更加懂得珍惜，企业也便于从中发现人才、培养人才、重视人才，所以说。如何快速高效地走出职业生涯中的最初那段"蘑菇期"，为日后积累工作经验和人生阅历，是每个经过十几年寒窗苦读而踏入社会的年轻人必须面对的问题。

具体来说，处在"蘑菇期"的职场新人会受到以下历练：

第一，有些人兴趣缺失，患上"厌职症"。真正步入职场后，很多大学生往往发现自己所从事的工作内容与自己之前的理想并不完全相同，甚至有很大差距。这时便会滋生厌烦心理，丧失对工作的兴趣，患上"厌职症"。当发生这种情况时，要明确选择一份工作首先是为了自身的生存和发展，而不只是为了追求快乐，当然如果能做到两者兼顾那是最好的。但是，如果在两者发生对立、不能兼得的时候，要先做好需要做的，再去做喜欢做的。先就业后择业，在就业形势日益严峻的社会背景下，不失为一个明智的选择。

第二，有些人总负责琐碎工作，感觉不受重视。作为职场新人，大学毕业生免不了为领导和老员工做一些琐碎的小事，比如打印资料、买咖啡、收发快递等。这时，有很多人就会感觉不公平、不被重视。作为新人，要主动、热心地为他人提供力所能及的帮助，拉近自己与老员工的距离，尽快融入同事圈，建立良好的人际关系，这对自己的提升和发展会有很大的帮助。

第三，有些人无法胜任工作要求，缺乏耐心。有些职场新人一开始无法胜任工作要求，难免心急。俗话说："心急吃不了热豆腐。"职场新人要有耐心，乐观应对，要不断地积累经验、适应工作环境。良好的心态往往能帮助职场新人更快掌握工作所需的经验和技能。

第四，有些人被边缘化，无法和老员工沟通。刚刚毕业的大学生由于不了解公司环境,不熟悉公司员工及事务,且缺乏生活阅历,往往难以融入老员工的圈子,并逐渐被边缘化。职场新人应尽快搞好职场中的人际关系,积极与老员工进行沟通与交流,融入老员工的圈子。

初入职场,新人往往会产生一些不良心理,如自卑、怯懦、自负等,这不利于其自身职业的发展。职场新人如何才能快速地走出"蘑菇期",对心态的调整是至关重要的。不同的心态会使人对同一事物产生不同的看法,积极的心态往往会产生正向的驱动力。心理学家给出了几种心理调适的方法,如自我激励法、注意力转移法、适度宣泄法、自我放松法、合理情绪疗法等。

作为职场新人,想要克服种种不良心理,除了上述方法之外,要做到入乡随俗,调适好自己的心态,尽快适应工作环境。

职场新人必须尽快熟悉本部门本岗位的业务,赶快上手,并熟悉本部门其他岗位、公司其他部门的流程和业务。职场新人要想取得自我实现,还需要在以上基础上再做到以下几点:

(一)正确定位,自我提升

职业发展的自我实现,一个合适的目标是基础。初入职场,每个人都会有很多的憧憬与期盼,但是现实与理想总会不可避免地存在差距,面对这些差距,如何才能更好地提升自己,需要职场新人理性地设定起点与目标,平衡抱负与实际的界限。用理性了解自我,实现目标的确立;用感性对待环境,找到目标实现的有利条件。对自身的定位和目标的确立可以采用 SWOT 分析法。一个人只有客观地评价自己,全面地了解外界环境,把有限的精力投入到那些真正能给自己的事业带来发展机会的工作中,在此基础上进行自我改进、自我提升,才能在职场中获得持续发展。

（二）举一反三，考虑周全

对待工作，要考虑周全并付诸实施，帮助领导减少工作量，并举一反三，不仅要让领导看到你的能力和效率，还要让其看到你认真负责的工作态度。勤奋总没有错，勤奋的新人多能得到老员工的指导，也会得到更多的机会。

（三）积累人脉，切忌钻营

职场新人要懂得积累人脉。人脉是一种看不见的黄金，平常显现不出，却能在关键时候发挥作用。人脉广，可以利用的资源就相应增多；掌握的资源丰富，自身就能得到提高，人生之路也会更加开阔。人脉对职业发展也有重大意义，如职场老员工能为新人提供晋升途径、工作方法等多方面的经验，有利于职场新人提高工作效率、融入工作环境、尽快获得重视。但在与老员工交往的过程中，职场新人切忌只跟周围的人说话，或者只跟老乡、师兄（师姐）交往；切忌干扰别人，引起别人反感；应注意交往要有度，不能过分干预别人的活动，保持正常的人际交往距离。此外，职场新人在积累人脉时，要切忌钻营。

（四）主动请示，及时汇报

职场新人要养成主动请示、及时汇报的习惯，不要像"老黄牛"一样，虽然勤勤恳恳，却毫无声息，领导根本不知道你在做什么。职场新人在完成领导布置的任务时，有不懂的地方要主动请示；在完成的过程中，要及时汇报工作的进度、已有的成果及完成工作仍需要的时间等，让领导了解工作的动态。需要注意的是，汇报要根据领导的风格运用得体的方式、方法，如有些领导注重结果而非细节，在汇报时就要避免过多陈述细枝末节，应将汇报重点放在结果的汇报上。

（五）少说多听，细心观察

职场新人不了解真实情况时，不要胡乱猜测，要少说多听，细心观察，避免卷入是非圈，同时要奉行"内方外圆"的为人处世之道。"内方"即诚实、守信、谦虚，"外圆"即做事要讲究方法、技巧。

（六）虚心请教，寻求帮助

在职场中，职场新人既要注意靠观察，也要注意虚心请教，寻求帮助。"职场高人"并不一定是某一方面的专家，只是在某一特定时刻、特定主题下对我们有所帮助的人。"职场高人"的最高境界是所谓人品、处世、专业能力样样都超强的人，这样的人可遇不可求。

职场新人要积极熟知职场规则，善于调整不良心理，保持积极的心态，掌握职场的注意事项，才能顺利走出职业发展的"蘑菇期"，才能获得职业发展的自我实现。

第四章　供给侧结构性改革背景下
大学生就业的准备工作

第一节　就业准备的
含义、意义与内容

人并非天生就能从事某种职业或承担某种职务的，都需要或长或短的就业准备期。因此，充分认识就业准备的含义、意义与内容，是进入就业期的学生必须重视的问题。

一、就业准备的含义与意义

（一）就业准备的含义

所谓就业准备，是指未就业者为了能从事某种职业，或获得某种职位，在一定阶段内所做的准备工作。

大学生的就业准备，是指大学生在大学期间，为就业而做的各种准备。

（二）就业准备的意义

就业准备是大学生就业的基础和前提，因而是非常重要的。一方面，就业准备是社会发展的客观需要。随着社会经济的繁荣、科技的进步，社会职业对从业者的身体素质、心理素质、思想素质、科学文化素质等提出了新的要求。另一方面，就业准备是大学生求职择业的基础。进行了必要的就业准备，有助于大学生选择一个理想的、合适的职业，实现就业目标。

需要指出的是，大学生的就业准备期包括整个大学期间，并不仅指临近大学毕业这段时期，但本节所讲的就业准备，主要是指进入毕业学年或毕业学期，为就业而做的各种准备。

二、就业准备的内容

在就业准备期需要准备的内容很多，但对大学生这样一个特殊群体来说，主要有以下几方面的内容：

（一）思想准备

对于即将步入社会的毕业生来讲，社会改革与发展在给他们提供机遇的同时，也给他们提出了严峻的挑战。

1.要做好自觉适应社会的思想准备

大学生应自觉适应社会，一方面，要了解社会发展的趋势，了解社会发展给毕业生提出的新要求，以使自己能适应不断变化的新形势；另一方面，还要了解社会对人才需求的发展趋势，以使自己正确地选择就业目标，及时地调整工作意向。

2.要正确认识自己

不少毕业生在选择职业时，考虑得更多的是"我想干什么"或"我愿意干什么"等，而很少认真仔细地分析自己、认识自己，客观地考虑目前"我会干什么""我能干什么"等，因而往往会由于缺乏对自己正确的认识而使自己陷入误区。因此，大学生要正确认识自己。

3.要有艰苦奋斗的思想准备

任何用人单位都不会喜欢那些只会享受而没有艰苦奋斗思想的毕业生。毕业生在步入社会之前一定要做好艰苦奋斗的思想准备，自小事做起，从普通的工作岗位干起，从平凡的小事做起，虚心地向长者、智者学习，艰苦奋斗，逐步实现自己的远大理想。

（二）知识准备

大学毕业生要想在激烈的就业竞争中获胜，做好就业前的知识准备是十分必要的。现代职业岗位对求职者的要求是：拥有较高的文化程度，并能根据社会的发展和所选职业的具体要求，构建合理的知识结构。

知识准备的第一步是知识积累。就业前，学生要进一步查找自己在知识的积累、掌握和运用等方面的薄弱环节，抓紧时间完善自己的基础知识和专业知识；同时，还要根据社会需要来调整自己的知识结构，拓宽知识面，以增强自己的适应能力。

知识准备的第二步是知识的结构化和系统化。围绕自己既定的就业目标，对自己所掌握的知识进行合理组合、恰当调配，使其形成一个有层次的、可协调发展和更新的动态结构。只有这样，才能使自己的知识积累转变为解决问题的能力。

（三）能力准备

能力是影响求职与择业的重要因素。能力的类型多种多样，至少包括记忆能力、理解能力、分析能力、综合能力、口头表达能力、文字表达能力、机械工作能力、环境适应能力、反应能力与应变能力、人际关系能力、组织管理能力、想象能力、创新能力、判断能力等。对于大学毕业生而言，能力准备应从以下几个方面着手：

1.一般能力的准备

在择业之前，毕业生应该准备的一般能力包括职业适应能力和社会适应能力。很难想象，一个不会与人交往、无法适应社会的人能在职业上有多大的建树，也很难想象一个连自己的生活都不会料理的人能把本职工作做得井井有条。

2.专业技能的准备

技能是个体运用已有的知识经验，通过练习而形成的一定的动作方式或智力活动方式。技能包括初级技能和技巧性技能，前者是借助有关的知识和过去的经验，经过练习和模仿而达到"会做"某事或"能够"完成某种工作的水平；后者则要经过反复练习，使某项技能成为一种习惯，形成一定的技巧。但应注意，对于不同职业来说，对两者的要求也有所侧重。

3.特殊技能的准备

在就业过程中，各种各样的证书及反映自己能力的材料越来越被用人单位看重，这些材料被大学生形象地称为"护照"。大学毕业生的特殊技能也大多通过计算机技术与软件专业技术资格（水平）考试、会计专业技术资格考试、经济专业技术资格考试、律师资格考试、监理工程师职业资格考试等获得的资格证书体现出来。

（四）心理准备

毕业生择业的过程既是竞争的过程，又是复杂的心理变化过程，要使自己在竞争过程中充分发挥主观能动作用，保持良好的状态，就必须做好择业前的心理准备。

1.积极参与竞争的心理准备

竞争是一种极为重要的发展机制。现实生活中，群体与群体之间、群体中各成员之间，总是处于竞争之中，每个人都要主动或被动地参与到竞争中去。一个人要想在竞争中取胜，就要做好准备工作，具有良好的心理素质。

2.自觉合作与宽容的心理准备

现代社会需要合作，人与人之间的合作共事已成为发展的重要方式。但是，合作必须要在宽容的基础上进行，没有宽容就无法较好地合作。

3.承受挫折的心理准备

择业受挫后，在心理上和行为上一般产生两种反应：一种是理智型反应。理智型反应在心理学中被称为积极的进取，它包括继续努力、反复尝试、改变行为、调整目标等行为反应。另一种是非理智型的反应。非理智型反应在心理学中又被称为消极的适应或防卫，它包括固执、对抗、倒退和妥协等行为反应。挫折对于理智型的择业者来说，往往是择业成功的先导。挫折对于非理智型的择业者来讲，往往是灾难性的。

4.立足长远发展的心理准备

只有了解社会、放眼未来，才能更好地预判职业发展趋势。没有人可以一步登天，问题是哪条路更接近你的理想，更符合社会发展的规律。大学毕业生求职择业时要立足长远，选择能长远发展的职业。

（五）信息准备

就业信息是择业的基础。大学生顺利就业不仅取决于其学识、技术和能力等因素，也取决于他掌握的就业信息的多寡。谁获得的信息量多，谁就业的选择面就宽；谁获得的信息质量高，谁就业的层次就越高；谁获得的信息及时，谁就业的主动性就越高；谁获得的信息针对性强，谁就业的把握就大。

根据信息特性我们可以将就业信息进行划分。

1.从被识别的简易程度、传递性上划分

从被识别的简易程度、传递性上看，就业信息可以分为直接可获取的就业信息和自处理信息。直接可获取的就业信息是大众化的，能够直接被每一个想要接收这些信息的信息使用者获取。对于每一个使用者来说，信息获取的难易程度都是相同的。自处理信息是信息的使用者通过处理、体验、操作以后才会显现出来的就业信息，是非大众化的。对于每一个信息的使用者来说，同一个信息源，由于使用者自身的差异，他们接收到的信息也是不同的。

2.从就业信息适用的范围上划分

从就业信息适用的范围上来看，就业信息可以分为地域类就业信息、行业类就业信息、特定人群就业信息。所谓地域类就业信息，就是指这些就业信息的有效范围是以地域来划分的，对于不处于同一有效地域范围的信息使用者来说，信息的有效性是不同的。行业类就业信息，就是指那些就业信息的有效范围是以行业来划分的。特殊人群就业信息，顾名思义，是只针对某些具有一定相关条件的就业者来说的，仅仅局限在这些具备相关条件的人群中。

3.从就业信息的持续时间上划分

从就业信息的持续时间上来看，就业信息可以分为长期就业信息、短期就业信息和暂时性的就业信息。长期的就业信息，一般来说其有效性都比较长，至少要维持一年乃至更长时间，在这个时间范围以内，其有效性是能够得到保障的。短期的就业信息，一般来说有效性在三到十个月左右。暂时性的就业信息，其有效的持续时间更短，一般是几天或是几周。

（六）材料准备

大学生就业时，往往需要准备许多相关材料。这些相关材料可以帮助大学生应对就业过程中来自各方面的需求，更好地展现自己的整体形象。

一套完整的求职就业材料应当包括以下内容：求职信、个人简历、就业推荐表（推荐信）、大学成绩单或其他成绩证明、大学期间获奖证书等。这些材料将你的综合素质呈现在用人单位面前，为其进行选择提供了重要的依据。

1.求职信

求职信又称"自荐信"或"自荐书"，是求职人向用人单位介绍自己情况以求录用的专用性文书，是求职者把自己的信息传递给用人单位的重要途径之一。求职信的写作对象是一个公司或公司里某位高级主管，是一种正式文件，可以显示出大学生对这份工作的诚恳态度。大学生可以通过求职信与用人单位进行一次有效的沟通。

2.个人简历

个人简历是大学毕业生自我推销的一个工具，是一种个人广告，用来展示你的工作技能、工作经验以及这些技能和经验对用人单位的价值。大学生通过个人简历客观地介绍自身的能力、经历和表现，等待用人单位从中发现符合招聘职位的条件。个人简历的好坏可以直接影响大学生求职的成败，所以它对于大学生求职有重要的作用。

3.就业推荐表

就业推荐表，是"毕业生双向选择就业推荐表"的简称，是学院向用人单位推荐毕业生的书面材料，主要包括基本情况、学业情况、本人简历、本人特长、爱好、社会表现及社会活动能力、在校奖惩状况、本人就业意愿、学校推荐意见、备注等信息。顾名思义，就业推荐表是为了就业而制作出的一份推荐表，一般情况，就业推荐表为各学校统一规定模式，再交由学生根据自己的实际情况填写表格内信息，完善表内信息后，需有学校盖章方为有效。毕业生就业推荐表是高校向用人单位推荐毕业生的书面材料，表中所填内容反映了学生的个人信息、学习成绩、奖惩情况、社会实践经历等方面的情况，是用人单位选择人才的重要依据，直接关系毕业生的切身利益。

4.大学成绩单或其他成绩证明

大学毕业生提供的在校期间的成绩单对于用人单位是审核的重要依据。由于多数大学生从刚步入大四时便开始进行求职就业的准备，所以大学成绩单应当包括该学生大学前三年在校学习的所有课程及成绩，并加盖学校相应的公章，此成绩单才视为有效。虽然用人单位不会将大学生提供的成绩单作为唯一的审核标准，但是通过大学成绩单，用人单位招聘者可以从中发现学生的学习态度和学习能力。

同时，大学生在大学期间的其他成绩证明，如大学英语四、六级成绩证明等，也都体现大学毕业生的综合能力。还有一些专业性的证书，如会计从业资格证书、教师资格证等，也可为大学生在申请相关特定岗位时加分。

5.大学期间获奖证书等材料

大学生求职就业除了提供相应的成绩单作为自己的材料证明，还可以提供大学期间获奖证书等进行展示。这部分材料可以包括大学生求职者在校期间参加的专业性或非专业性的竞赛经历，在校期间曾参与过的学生社团、学生会等的经历，也包括大学生在校期间参与的社会实践与服务的经历等。这些材料可以体现大学生在学习方面、科研方面、社会服务方面的表现，充分体现了一个人的综合素质和综合能力，这对于用人单位的审核也是非常重要的。

6.其他材料

一般包括在校期间公开发表的文章、科研成果、设计作品等方面的材料。这些材料可以根据所应聘的用人单位的不同要求进行有针对性的组织。这些材料将会是区别于其他应聘者，吸引用人单位眼球的重要材料，对大学毕业生求职就业有重要作用。

第二节　就业准备的初步技巧

一个人就业之前，往往需要做多方面的准备，同时也需要一些技巧。下面主要对就业心理的调适、就业信息准备的技巧、就业材料准备的技巧和角色转换等进行探讨。

一、就业心理的调适

大学生面临严峻的就业形势，产生焦虑心理是在所难免的，要想顺利就业，就必须认清就业形势，正视就业现状，转变就业观念，调适就业心态，主动把握就业机会。

（一）不良的职业定向心理和常见的就业心理误区

1.不良的职业定向心理

因受社会现实的影响，大学生在就业过程中存在着一些不良的职业定向心理，包括以下几点：

第一，过分强调自我实现。有些大学生在择业时，把个人兴趣、爱好放在第一位，把是否有利于个人发展作为首选条件或唯一条件，导致难以就业。

第二，过分追求舒服实惠。有些大学生在择业时，避艰苦，避风险，他们首先考虑的是工作岗位和生活环境等是否舒适、待遇是否丰厚，高收入是他们最重要的择业目标。

第三，职位期望过高且不切实际。有些大学生在择业时动辄就要求高收入、稳定、无风险等，甚至有的刚出校门就拒绝基层工作，只想做领导。

第四，择业观念过于陈旧且狭窄。有些大学生择业时就只选择北京、上海

133

等大城市，或只想进机关事业单位、国有企业等。

2.常见的就业心理误区

由于上述不良的职业定向心理，大学生在就业时往往存在一些心理误区。

（1）我不能比别人差

大学生临近毕业往往会参加大型招聘会，他们在这种场合中评价自身价值的最常见办法就是互相比较。如果有的学生去了知名度高、效益好的单位，有的学生去了北京、上海等大城市，某些学生往往会觉着"我不能比别人差"，盲目攀比、嫉妒、强求心理平衡，不顾自身实际情况，把比别人强作为标准，这山望着那山高，这花看着那花俏，结果延误了时机，导致自己找不到工作。每个人生活的环境、家庭背景、能力、性格、遇到的机遇等是不尽相同的，因而在择业目标、职业选择上不具有可比性。但青年学生血气方刚，易争强好胜，虚荣心较强，容易产生攀比心理。

（2）大多数人的选择就是好工作

有些大学生选择工作单位，自己毫无主见，总是随波逐流，看大多数人选择哪里，自己就选择哪里；大多数人往哪里挤，自己也往哪里挤。他们总以为，大多数人钟情的，一定是好工作，大多数人选择的，一定没错。结果，人云亦云，盲目跟着大多数人走，忽视了自己的特长，丧失了发挥能力、特长的机会，也很难找到自己的理想工作。

（3）要去就去大城市

一些学生考大学前就对繁荣的大城市神往已久，毕业时更是下定决心一定要留在大城市。在他们看来，到大城市一定会有更多的机会，能挣到"大钱"。他们宁肯到大城市待业，也不愿到边远地区就业，"宁要大城市一张床，不要边远地区一套房"。他们很少考虑自己事业的发展和能力的发挥，更少考虑国家的需要，也无法给自己一个准确的定位，盲目追求过高的择业期望，只能使自己在择业中屡战屡败，四处碰壁。

（4）求职的竞争就是关系的竞争

有些学生认为，择业的竞争不是求职者素质的竞争，而是关系的竞争，看谁的关系硬，看谁的关系起作用。于是，这些学生不把立足点放在自身努力上，而是"寻情钻眼"、找关系、"托门子"、"递条子"等。这些学生往往自己反对不正之风，又用不正之风的一些手法对待择业，使公正、公平、公开的竞争原则受到了损害。

（5）一步到位，首次就业关系一生命运

有些大学生受传统择业观的影响，把初次择业看得过重。在他们看来，选择一个单位就预示着自己"嫁"给了这个单位，自己将在这个单位"厮守终身"，单位好了，自己就好，单位不行了，自己跟着倒霉。因此，他们觉得首次就业关系一生命运。他们看不到市场的变化，看不到人才流动制度从僵化、刚性到灵活、柔性，看不到新的择业观，看不到越来越多的人正是通过流动，才寻找到最能发挥自己才能的岗位的。

（二）就业心理调适方法

1.学会科学地评价自己

对每一个人而言，自我都是独立的、客观存在的实体。对自我的评价，有些学生往往容易出现走极端现象，要么自负，要么自卑。在现实生活中，每个人都不是完美的，每个人都有不可避免的弱点，也有别人没有的独特长处。因此，要全面、正确地评价自己，弄清自己的优点和缺点，对自己的职业气质、性格和兴趣等进行了解和分析，知道自己适合什么单位、什么岗位，是否适合创业等。只有实事求是、扬长避短，大学生才能规避自己的缺点，使自己的长处得到发挥。

2.科学分析就业形势

党的十八大以来，在以习近平同志为核心的党中央的坚强领导下，我国坚

持实施就业优先战略和积极的就业政策，就业总量持续增长，就业结构调整优
化，就业质量显著提升。我国经济高质量发展蕴含着大量新机遇，我们有能力
保持就业形势的稳定态势。同时要看到，受国内外多重因素影响，我国就业形
势也面临一些风险和不确定性，尤其是在就业总量压力之下，结构性就业矛盾
依然较大。大学生有必要了解社会所需的人才种类以及对人才的素质要求，以
便根据社会需要来确立自己的职业理想。有关资料表明，我国专业技术人才总
量还处于供不应求的局面，大学生就业难问题仅仅为一种表象。之所以就业困
难，和大学生个体表现差异有关。因此，大学毕业生应结合自己的专业对当前
的就业形势进行科学的分析。

3.树立正确的择业观

大学生的择业观，即大学生由毕业走向社会时选择职业的观点和态度，实
质上是世界观、人生观和价值观的反映。在择业问题上，价值观不同，择业态
度和行为会有所不同。当前，面对价值观念多元、多样、多变的社会现实，部
分学生过分注重物质待遇，出现了不顾国家和社会需求的倾向，这不是正确的
择业观，也不利于大学生就业。

大学生应树立正确的择业观，认识社会、了解国情，充分认识当前的就业
形势，正确处理好国家利益和个人利益的关系。大学生在择业时必须具备超前
意识、危机意识、社会意识，把价值观由个人本位转向社会本位，明确自我实
现是一个为社会和他人做贡献，履行社会责任的过程。大学生应树立远大的理
想，树立报效祖国、献身社会的责任意识，树立竞争和拼搏意识，根据社会需
要，努力实现最大的人生价值。

4.学会保持良好的心态

大学生就业时，保持良好的心态是十分重要的。面对外在的就业压力，做
到积极自信、坦然从容、不卑不亢这样的良好心态是就业成功的关键。

值得注意的是，有的毕业生（特别是名牌大学的毕业生）往往会自视甚高，

对自己缺乏正确的认识，在求职过程中提出一些不太合适的要求，从而使自己与好岗位擦肩而过。所以，保持自信，但不要盲目自信，是应届毕业生应有的心态。

如果说自信是一个人内在的表现，那么积极则是外在的表现形式。积极的心态，决定了你为人处世的态度。有积极的心态，你才能在求职过程中更主动地去认识自己、了解对方，才会在面试时更加主动地去介绍自己、表现自己的能力和素质，才会给面试官留下乐观向上、积极进取的好印象。

有些应届毕业生在求职时一帆风顺，从而产生骄傲自大的情绪；也有的应届毕业生多次求职，均以失败告终，认为自己比不上别人，从而产生自卑、胆怯、恐惧等心理。不管是在求职还是生活中，这两种心态都是不可取的，坦然面对成功和失败，是一个人成熟的标志之一。

在求职过程中不卑不亢，不仅是对企业的尊重，也是对自己的尊重。求职是招聘企业与毕业生的双向选择。不管是在求职时，还是在试用期中，面对公司过分或者无理的要求，适时地说"不"，而不是一味地唯唯诺诺，才能保障自己的合法权益。

二、就业信息准备的技巧

（一）搜集就业信息

就业信息收集是就业信息得以利用的第一步，也是非常关键的一步。就业信息收集工作的好坏，直接关系到整个就业过程的成功与否。

1.搜集就业信息的要点

搜集就业信息应坚持真实性、准确性、实用性、针对性、系统性、连续性、计划性、条理性等原则，还要注意运用不同渠道时的一些细节问题，力求做到

"早""实""广""准"。

（1）搜集就业信息宜"早"

一般来说，大学生在正确认识社会和自我后，需要经过一段时间的调整，才会有比较明确的就业目标，这就要求大学生尽早开始对就业信息进行搜集。就业信息的搜集不应是一项在临近毕业才开始的工作，而是应该贯穿于大学生的整个大学生活。比如大学生可利用课余时间做兼职，了解工作的情况；在假期里进行岗位体验，了解不同岗位的特点和要求；参与一些大型实习生计划，深入了解组织的运行和文化；甚至可以在课余时间进行创业实践等。

（2）搜集就业信息宜"实"

大学生搜集的就业信息要具体真实。对于用人单位的名称、性质、地点、环境、企业文化、发展前景、用人制度、招聘岗位的基本要求、招聘方式、联系方式等各方面信息掌握得越具体、系统越好。对于所搜集到的信息是否真实，可通过多种方式来确认。

（3）搜集就业信息宜"广"

为了有足够的选择空间，大学生应该广泛搜集信息，搜集的就业信息包含时间、地域、行业以及渠道等几个方面。

在时间上，要包含目标职业的一定发展阶段，从而能够从这些不同时间的信息中发现行业的发展规律，预测行业的发展趋势。另外，了解一定时期内的供求信息，分析其中的规律，为自己的就业行动规划好流程和时间表，也是大学生职业规划的一部分。

在地域上，要在自己确定的目标就业地域范围内，尽可能详细地了解这个地域的就业信息，使自己能够有充分的信息内容供筛选。在行业上，不要拘泥于某一个或几个行业，而是应该尽可能了解各行业的就业信息，才能从中选出最适合自己的职业。

在渠道上，不能只注重某一渠道，而是要广泛利用你能够利用的所有渠道来尽可能地搜集就业信息。

（4）搜集就业信息宜"准"

搜集准确的就业信息，是有效利用信息的基础。要想准确地搜集信息，一是要保证信息来源的可靠性，二是要提高大学生自身辨别判断的能力。

从就业信息搜集的渠道上来看，通过就业主管部门所获取的就业信息准确性最高。通过供需见面会、各类媒体和直接联系用人单位获取的就业信息，需要大学生根据信息的内容和自身的能力来进行判断和评价，从中筛选出有效的、准确的信息。通过社会关系和社会实践所获取的就业信息，其差异化较大，但针对性和指向性也比较强。

2.搜集就业信息的方法

就业信息搜集的方法主要有以下三种：

（1）全方位搜集法

全方位搜集法是把与自己的专业有关联的就业信息统统搜集起来，然后再按一定的标准进行整理和筛选。这种方法获取的就业信息广泛，选择的余地大，但比较浪费时间、精力。

（2）定方向搜集法

定方向搜集法就是根据自己选定的职业方向和求职的行业范围来搜集相关的信息。这种方法是以个人的专业方向、能力倾向和兴趣特长为依据的，比较容易找到更适合自己特点、更能发挥作用的职业和单位。但是，当选定的职业方向和求职范围过于狭窄时，很有可能大大缩小自己的选择余地，进而会给下一步的择业带来一定的障碍。

（3）定区域搜集法

定区域搜集法是一种以地区为重、轻专业方向的信息收集法。它是根据个人对某个或某几个地区的偏好来搜集信息，对职业方向和行业范围等内容较少关注和选择。由于面向区域的狭小，按这种方法收集信息和选择职业，也可能造成择业困难。

3.搜集就业信息的渠道

搜集就业信息的渠道主要包含以下几个方面：

（1）就业主管部门

大学生就业者获取就业信息的主要渠道是就业主管部门，包括各级政府相关部门、学校的学生就业主管部门及服务机构、院系里的就业指导和服务部门等。大学生就业者，首先可从这些部门获取就业的政策和相关规定，为自身就业制定好符合自身情况的计划表和时间表；其次要了解和明确整个就业环节的流程，使自己能够更好地进行求职和就业。这些部门往往掌握了大量的供求信息，而且这些信息往往是非常有针对性的，这些信息一般都会在部门的官方网站上发布，从这些部门获取到的供求信息在真实性和有效性上都能够得到保证，从而减少了大学生就业者为获取信息而付出的成本。

（2）校园专场招聘会、供需见面会

供需见面会和校园专场招聘会是大学生就业者获取就业信息的另一重要渠道。各地方和学校一般都会在某个时间段，专门针对大学生就业者召开校园专场招聘会、供需见面会。在供需见面会上大学生就业者能够直接获取自己所需的就业信息，并且这些信息一般来说对于大学生就业者都有较强的针对性，无论是行业类的就业信息还是针对特殊人群的就业信息都很容易在供需见面会上搜集到。校园专场招聘会对大学生就业者在专业上也有较强的针对性，有利于其找到能够学以致用的工作。

（3）各类媒体

对于大学生就业者来说，利用好各类媒体资源也是搜集就业信息的一个重要渠道。这些媒体一般包括各类专门针对大学生就业者的报纸、杂志、网站，各类广播电视节目等。通过媒体渠道搜集就业信息，重要的是个人要有分析信息的能力，因为一般来说这些就业信息都没有太强的针对性和非常清晰的目标条件，这就要求大学生就业者能够对其进行有效的处理和分析，从中提取出对自己最为有效的就业信息。

（4）直接联系用人单位

与用人单位直接联系，是一种比较直接的就业信息搜集的渠道。通过此种渠道收集到的就业信息目标性和有效性都很强。一般来说，这是一种大学生就业者在对各种外围信息进行了整理和分析之后，有针对性地搜集比较核心的信息时所采用的搜集渠道。直接面对用人单位搜集就业信息，不但可以很明确地搜集到自己想要的就业信息，还能够在用人单位面前展示自己在就业活动中的主动性和搜集信息的能力，更有利于获得用人单位的认可。但需要注意的是，利用这种渠道收集信息，信息的范围会比较小，同时大学生就业者需要消耗大量的时间，成本是比较高的。

（5）利用人际关系

利用人际关系也是大学生就业者搜集自己所需就业信息的重要渠道。利用各类社会关系搜集就业信息一般来说针对性都比较强，能够帮助大学生就业者更快找到适合自身特点的工作。而且，通过社会关系收集到的就业信息相对比较准确，对于大学生就业者来说，成功就业的概率也比较高。从就业的满意程度上来看，通过利用人际关系搜集到的就业信息而成功就业的大学生就业者对自身职业的满意度较高。

（6）社会实践活动

一般来说，针对大学生就业而进行的社会实践活动，包括岗位体验、兼职、实习生计划以及在校期间的个人创业等。通过社会实践活动搜集到的就业信息，其针对性和包容性都是非常强的，这类就业信息能够非常明确地传递给大学生就业者目标职业的更深层次的内容。大学生就业者通过此类渠道搜集到的就业信息往往是比较准确和核心的，能够更加清晰地把握其目标职业的状态、从业者的工作方式方法以及生活方式等。

（二）就业信息的筛选

一般来说，大学生就业者搜集到的原始信息都比较杂乱，有相当一部分信息是没有价值的。因此，大学生就业者在搜集完信息后还应根据自己的实际情况和需求，对信息进行有目的、有针对性的筛选处理，以使搜集到的信息准确、全面和有效。

（三）就业信息的再加工

在对就业信息进行筛选后，对于留下来的有效信息，大学生就业者要对其进行分类整合，使就业信息有序化、系统化。分类整合标准根据就业者自身情况的不同也不尽相同。一般来说，还是按照信息的分类来完成的，但排序情况往往因大学生就业者个体的不同需求而有较大差异。

（四）就业信息的存储

大学生就业者需要将已经进行过再加工的就业信息通过某种介质存储和记录下来。就业信息的存储一般分为两种：一种是有形存储，如将就业信息记录在纸质的本子上或存储在电脑中；一种是无形存储，即将就业信息背诵记忆。

（五）就业信息的使用

使用就业信息的过程，就是将筛选、加工、存储过的就业信息，转化为就业行动的依据的过程。大学生就业者要依据已经进行加工处理过的就业信息来指导自身的就业行动，使自身的就业行动更加精确有效，并以可控的最小成本来获取令自己满意的就业结果。

三、求职材料准备的技巧

求职材料是毕业生综合素质最具说服力的证明。实践证明，一个带有求职材料的毕业生与几个能力、水平相当而未带求职材料的毕业生同去某一单位求职，两者相比，前者被录用的概率要高得多。

（一）求职材料准备的原则

无论是毕业生就业推荐表、简历、自荐信还是一些辅助材料都需要毕业生认真地准备。准备的求职材料要符合以下几条原则：

1.内容翔实，格式规范

求职材料是毕业生对自己大学生活的一个全面总结，既要全面反映自身的基本情况，又要反映自己的特长、爱好；不仅要突出自己的优点、成绩，也要说明自身存在的问题和缺点；不仅要说明自己对用人单位提供职位感兴趣的原因，还要表达自己努力工作的决心。内容应全面，但应该言简意赅，突出重点，切忌废话连篇。

2.富有个性，针对性强

由于不同的用人单位对求职者的要求不尽相同，求职材料的准备也应根据不同的单位有所差异。如果你想去应聘三资企业的职位，那么最好要准备中英文对照的材料；欲去少数民族地区择业，能用民族文字撰写求职材料则效果更佳；如果你是去应聘广告设计的职位，那么你的求职材料最好能体现出你的个性和创意。

3.设计美观，杜绝错误

准备求职材料的目的之一就是要吸引招聘单位，引起对方的兴趣，因此整份材料无论是手写或是电脑打印都要整洁美观，让人看上去觉得舒服。在求职材料中，要坚决杜绝错别字等低级错误，以免给用人单位留下不认真、马虎等不良印象。

（二）求职材料的写作技巧

1.求职信的写作方法和注意事项

求职信的写作方法。求职信的内容重点在于"荐"，大学生应当根据自己的实际情况推销自己，将自己的优势表现出来。求职信的书写格式与一般的书信大致相同，有标题、称呼、正文、结尾、落款等方面。

（1）标题。求职信的标题通常只有文种名称，一般在第一行中间写上"求职信"三个字即可。

（2）称呼。求职信不同于一般私人书信，求职者与收信人未曾见过面，所以称谓要恰当。若是写给事业单位人事部门负责人，可用"尊敬的××处长"作为称呼；若是写给企业人力资源部，则可使用"尊敬的××经理"。

（3）正文。正文内容较多，应当根据情况分段写，并对措辞和行文进行揣度修改。正文应包括以下内容：

第一，简单的自我介绍，说明求职信息的来源。首先需要简单介绍自己的姓名、年龄、性别等基本信息，然后要直截了当地说明从何渠道得到有关信息以及写此信的目的。介绍要简明扼要，态度明确。

第二，说明应聘的职位并简述能够胜任的理由。明确说出自己应聘的职位，并要着重介绍自己的有利条件，要特别突出自己的优势和闪光点，以使对方选择聘用自己。可以的话，可以简单提供一个关于就业的计划，暗示自己的发展前途和潜力。

第三，提出希望和要求。如"希望您能为我安排一个与您见面的机会"或"盼望您的答复"或"敬候佳音"之类的语言。提出希望和要求的话语不要过于啰唆。

第四，结尾。不必过多寒暄，以免画蛇添足。

第五，落款。落款应署名并注明完整的日期，也可以注明联系方式。

书写求职信的注意事项。写好一封求职信，应注意以下几点：

（1）称呼得体，格式正确。对于用人单位负责招聘的人一般用敬称。称呼后的问候语一般应为"您好"而非"你好"。正文之后要写上祝福语，署上姓名，注明日期，不能将其顺序、格式弄错。

（2）内容充实，不可空话、套话连篇。空话、套话太多，会让招聘者认为你太世故、圆滑，不宜选用。大学生应根据自身实际情况描述自己，表达自己的想法。

（3）信的写作要表达流畅，言简意赅。一封优秀的求职信除了展现求职者的技能和态度，还能体现一个人的语言表达能力。信的内容不宜过长，一般以一页纸为准。求职信写完应认真检查，避免出现错别字、病句等低级错误。

（4）要自信但不可自负。大学生书写求职信时应当对所申请的职位进行必要的调查，做好相应准备。在求职信的书写上，要自信、诚恳。自信的求职者能够给予用人单位良好的印象。但是，大学生切忌表现自负，这往往会给用人单位留下不好的印象。

2.个人简历的写作方法及注意事项

据调查，人事在每份简历上所花的平均时间为 15 秒；每 245 份简历中有 1 份获得面试机会；85%～95%的简历都会被扔进"垃圾桶"。由此可见，大学生如果对待个人简历的态度不够认真，将有极大的可能丧失面试的机会从而影响就业。

一般来说，个人简历应该包括以下部分：标题、个人基本资料、教育背景、实践活动、技能与特长、证书和荣誉、兴趣和爱好等。大学生可以将自己简历中的闪光点置于最引人注意的地方，同时应当保证简历页面的简洁、清晰。

（1）标题。一般可写为"简历""个人简历"或"求职简历"。

（2）个人资料。个人资料可以包括姓名、联系地址、联系电话（最好是手机号码）、E-mail，性别、出生年月、年龄、籍贯、民族、毕业学校、专业、学历、政治面貌等。这些资料信息可根据不同单位的情况进行有针对性的取舍。

（3）教育背景。教育背景主要指大学期间的教育经历，包括在大学期间的各层次的学习。也可以由高到低，先写高学位、高学历，目的是突出最高学历。

（4）实践活动。这部分内容是整份简历的重点部分，需要认真对待。用人单位比较看重毕业生在课余参加过哪些活动，因为从中可以判断你的实际工作能力、社会阅历、社会经验。实践活动包括实习、社会实践、志愿者工作、学生会工作、社团活动等。撰写这方面内容时，要写明实践单位、工作职责或具体职务、运用的技能、业绩、收获的成果、成就和贡献。此外，要注意简明扼要，突出重点。同时，大学生应当根据用人单位的岗位设置、要求，甚至招聘者的偏好等，来突出自己的优势。

（5）技能与特长。这个部分可以列举大学生求职者针对应聘的岗位所掌握的技能和专长。如若应聘的是语言类相关职位，大学生可以列举自己的语言学习经历、写明自己的语言能力及特长等。

（6）证书和荣誉。这个部分可以帮助用人单位快速掌握毕业生在学校的学习状态以及学习能力，是给大学生求职者加分的重要方面。对于这个部分，毕业生可以列举自己在大学期间所获得的技能或竞赛证书（英语等级证书、计算机等级证书等），以及在校所获得的奖励和荣誉（奖学金、相关论文或者发表的文章等）。列举不需要详细描述，只需简单地列举时间和相应证书或荣誉的名称即可。

（7）兴趣和爱好。这个部分列举的兴趣爱好尽量与应聘职位所需技能有关，否则反而会弄巧成拙。

编写个人简历的标准及需要注意的事项。个人简历虽然简单，但在就业过程中的作用却十分重要。简历能否吸引人，可能会直接影响就业的结果。因此，编写个人简历需要注意以下几个问题：

第一，真实性。简历是给别人的第一张名片，要保证其真实性，但可以进行优化处理。比如大学生可以重点突出在校时的学生会工作和实习、志愿者、支教等工作经历，不单是陈述这些经历本身，更重要的是表明自己从中得到的具有价值的经验。

第二，匹配性。做简历时，大学生可以根据自己的求职目标，对简历进行有针对性的调整，这样做往往更容易得到用人单位的认可。

第三，价值性。把有价值的内容放在简历中，不重要的内容、与所求职位无关的内容尽量不要出现在简历中。制作简历时，尽量客观描述、评价自己。通常简历的篇幅为 A4 纸版面 1～2 页，不宜过长。简历中应尽量提供能够证明自己能力的内容，比如在校参与了多少专业项目，拿到了多少专业证书，获得了怎样的荣誉等。

第四，条理性。在简历中，大学生需条理清晰地列出自己的优势、专业能力等。最重要的内容有个人基本资料、学习实践经历、教育与培训经历；次重要的信息有职业目标、核心技能、语言与计算机能力以及奖励和荣誉信息。对于自己的闪光点的描述可以点到即止，不要过于详细，留到面试时再一一详细展开。

3.就业推荐表（推荐信）及其他证明材料的准备

（1）就业推荐表

就业推荐表供毕业生向用人单位应聘时使用，由高校招生就业处统一制作并印发，每生一份，复印有效，学生可以另行制作个人推荐表，高校只对按此统一格式制作的毕业生推荐表进行审核盖章。毕业生就业推荐表原则上只进行一次审核后加盖一次公章，并由毕业生所在系、院把关核实，故需学生在交到系、院盖章前认真检查核对，以免造成麻烦。

填写大学生就业推荐表时，应注意以下几点：

第一，推荐表的内容应当真实可靠，所有栏目都应如实填写，切忌虚构。

第二，充分发挥备注栏的作用。许多大学毕业生面对此栏目显得不知所措。其实备注栏对大学生求职者来说，是一个补充信息的地方。大学生可以在此栏目填写自己的留学经历、第二外语水平、计算机等级或者是辅修专业的情况等。这会给大学生的求职材料增色不少。

（2）各种证书

证书一般分为以下几类：

第一，毕业证书、学位证书、辅修专业证明等。

第二，大学英语四级、六级证书，计算机等级证书，特定行业资格证书等。

第三，"优秀学生干部、优秀团员、优秀毕业生"等荣誉证书和各类国家级、省级、校级奖学金证明等。

第四，社会实践、社团活动、文艺演出等各类活动的获奖证书。

第五，在正式出版物发表过的文章、科研论文、设计作品等资料。

第六，其他相关专长证明，如乐器等级证明等。

四、角色转变

（一）角色及其转变

1.角色的含义

何为角色？角色即指戏剧、电影、电视剧中的人物，也是戏曲演员专业分工的类别。莎士比亚在其作品《皆大欢喜》中写道："整个世界是一个大舞台，所有的男男女女都是演员，他们有时上台有时下台，每个人在一生中扮演着许多不同的角色。"事实也确实是这样，整个社会就是一个大舞台，每个人扮演着不同的角色，只不过社会舞台中的角色是真实的。

　　在美国社会学家乔治·赫伯特·米德（George Herbert Mead）和人类学家拉尔夫·林顿（Ralph Linton）正式把"角色"这个概念引入社会心理学的研究后，角色理论成为社会心理学理论中的一个组成部分。对于什么是角色，社会心理学家对这个问题进行专门研究，并提出自己的看法。纵观国内外学者对角色概念给出的界定，角色概念至少包含以下三个方面内容：第一，"角色"涵盖历史发展过程中社会对个体的一般性期望；第二，"角色"蕴含着个体对社会一般性期望之主观认知；第三，"角色"表现为个体基于自身对社会一般性期望的主观认知所呈现出的特定行为模式。

　　这里所说的角色，实际上特指的是个体的社会角色，即处于一定社会联系中的个体。处于特定社会联系中的个人按照社会对这一联系的内容与方式的界定及主观认知而行事，就是在扮演角色。

　　角色和职业有区别也有联系。职业即个人所从事的服务于社会并作为主要生活来源的工作。职业是社会发展到一定阶段后劳动分工的结果，属于特定的历史范畴；角色自社会伊始就存在，是与人类社会同步存在与演变的社会概念。角色作为既定学术概念，可以反映社会中诸多复杂的联系。换言之，任何基于地缘、血缘等因素的社会联系都可以用"角色"加以分析；职业则特别适用于某些带有经济属性的社会联系的分析，其所反映的内容较少。

　　同时，职业作为人们所承担的职责与从事的业务，是个体之间社会经济联系的具体体现，因此也能够用角色概念加以反映与分析。职业的分化与变迁可以促进角色的分化与变迁；但是，职业因素并不构成角色变动的全部变量。角色作为既定因变量，相应的自变量并不是唯一的，地缘、血缘等各种社会联系的变化都会促进角色的变化。

　　2.角色转变

　　角色转变是指个体基于社会情境的变迁而从某种角色向另一角色的转变

过程。人的一生会扮演很多角色,如在学校扮演的是学生角色,在工作中扮演的是职员角色等。同时,随着生命历程中个人所面临的主要社会情景的变化,个人也会不断经历角色转变的过程,比如从孩子角色到父母角色,从学生角色到职员角色,从情侣角色到配偶角色等。

角色的顺利转变源于诸多因素及其相互协调。首先,社会情境的主题及内容的变迁决定着角色转变的方向。个人在其整个生命历程的各个阶段需要面对与处理不同主题下的社会情境,并构建基于相应主题的特定内容与方式的行为模式。其次,个体心理的发展状况也在微观上决定着角色转变的程度。在个体认知层面,个体唯有形成对社会情境主题与内容变迁的真实知觉与思维,才能明确身心与社会关系的变化;在个体情感层面,个体唯有感到对社会情境主题与内容变迁之满足感与幸福感,才能促进个体对新情境的适应;在个体态度层面,个体唯有形成对社会情境主题与内容变迁之正确评价,才能培养符合新的角色规范的行为模式与心理机制。

究其实质,角色转变意味着个体彻底摆脱角色行为模式与心理特点的影响而去发展另一种角色所需要的行为模式与心理特点,调整状态进入一种新的角色,以期顺利完成社会所赋予的使命。由此可知,角色转变难免受到社会环境或者个体心理的制约。

(二)大学生角色、职业人角色的区别

大学生从大学毕业走向社会,就要面临社会环境的转换及相应角色的转变。如何才能成功实现这种转换与转变,需要弄清楚两种角色的区别。

1.学校与职场的不同

大学生角色是指在特定的社会环境下,接受高等教育,承担着学习知识、培养能力、提高素质,努力使自己成为社会合格人才的社会角色;职业人角色是指在职场环境中,凭借自身具备的一定的知识、技能和素质,通过开展特定

的职业活动，为社会创造物质财富和精神财富，从而获得相应报酬，实现自我价值和社会价值的社会角色。大学生角色和职业人角色分属学校和职场，学校与职场的区别造成了大学生角色与职业人角色的差异。

（1）存在基础不同

职场是基于个体、组织与社会等多重主体目标，以合作、竞争及冲突等复杂状态发生联系进而衍生的聚合体，以利益交流和利益交换为存在基础。学校是以人才培养为目标，以正式关系与非正式关系高度统一的方式演变的正规组织，以互助互益为存在基础。

（2）存在方式不同

职场包含着诸多复杂的人际关系，由相应的多重正式规范以成文或非成文的方式加以制约，其运行机制主要是由职业人构成的次级群体遵循市场机制进行的利益交换。学校则仅包含着相对简单的人际关系，并大抵只以学校规范与法律法规为依据，其运行机制主要是由正式关系与非正式关系高度统一的方式进行的利益交换与情感交流。

（3）存在目标不同

职场是多重主体目标的有机结合，个体目标的指向客观上是利益的满足，并在组织范围内通过与其他个体的相互联系实现自身利益，进而与更为广泛的社会目标相联系与互动。学校则以培养人才为主要目标，无论是个体的主动学习抑或学校的积极培养，其目标与意义大抵都可以被归纳为培养人才。

（4）存在环境不同

职场的内外部环境高度复杂：在内部环境上，以工作为中心，衍生出以合作、竞争乃至冲突等多种状态为特征的关系，其文化强调责任与独立思考的重要性；在外部环境上，职场由于其内容的广泛性而与社会存在着多元化、弥散化的联系。学校的内外部环境相对简单，校内主要存在着师生关系与同学关系，校外仅与社会存在着学生输入与人才输出的纵向联系，其文化强调团结互助的重要性。

2.大学生角色与职业人角色的区别

从单纯浪漫的象牙塔走向纷繁复杂的职场，意味着大学生从学生到职业人的重大转变。有些毕业生能很快适应这种转变，表现出较强的工作能力和较高的综合素质。但也有一些毕业生在很长一段时间后，仍然不能适应新的环境。无论如何，大学生角色与职业人角色存在着某些差异。

（1）社会角色内容不同

就角色享有的社会权利来说，大学生的主要任务是要完成规定的学习内容，这既是大学生的基本身份特征，也是大学生的主要社会权利；而职业人的权利则体现在个体利用各种资源为自己、为社会创造财富。职业活动既可以获得相应的物质报酬、提高生活水平，同时还因为创造社会财富而带来一定的社会评价和地位。因此，职业人角色与单纯以追求个人学习价值最大化为目标的大学生角色不同，它更倾向于把追求自我价值和社会价值视为职业活动的要旨。从社会责任上看，大学生角色常常处于相对封闭的校园环境中，因而一般不直接对社会承担具体责任，而是把所学的知识、能力和素质看成是未来承担社会责任的基础。而职业人角色在职业活动中的社会责任是直接的、明确的，甚至是不可选择的。

（2）生活方式不同

由于校园环境的场域集中性和相对封闭性，绝大多数大学生的学习、生活基本上都是在教室、食堂等公共区域内进行的，排除个人的私生活外，集体性活动构成了大学生生活的主要组织和实施方式。而职业人的工作空间和生活空间区分相对明显，除了特殊的工作需要，他们更多地强调私人空间和独立环境，特别是在八小时工作外，职业人可以充分地根据自己的喜好来设计自己个性化的生活。换言之，学生的生活方式是直线型、集体化、简单式的，而职业人的生活方式是创造型、多样化、个性式的。

（3）人际关系不同

学生角色在校园环境中所能形成的角色丛是有限的，一般主要表现为同学关系（包括朋友关系、恋人关系）、师生关系，人际关系相对简单，基本不存在根本利益上的关系冲突，出现的人际关系中的矛盾一般都是暂时的、易解决的。职业人在生活中，可能是子女、配偶、父母、亲朋好友的角色，在工作中，可能并存着领导、下属等的角色等，人际关系复杂得多，人际关系频繁冲突的可能性增大，而由于根本利害关系引发的冲突也会更多、更激烈。

（4）关系发生方式不同

学校里学生面临着与同学、与老师之间的双重关系，其关系在内容上以利益与情感并重为主，并在互相帮助与指导的基础上发生联系。而在职场中职业人面临的领导与被领导关系以及同事关系往往呈现多种内容差异，并通过正式的规范加以维持。

（三）怎样实现由学生角色到职业角色的转变

学生告别校园，走上新的工作岗位，意味着大学生拥有了一个全新的角色，同时也意味着更多、更具体的社会期待。由学生角色到职业角色的转变不是瞬间或一蹴而就的，而是一个长期的过程。

笔者对大学生的角色转变提出以下几点建议：

1.调整心态，充分准备

大学生应做好充分的心理准备，掌握主动权，积极适应职场要求，做好职业人角色准备。临近毕业的大学生，应主动了解即将进入的工作环境，对未来的职业活动进行设计和思考，主动用职业人角色要求进行观念更新和行为暗示。此外，还要学会独立生活、独自思考问题，提高心理承受能力和应对挫折的能力，积极锻炼信息思维、与时俱进思维和可持续发展思维，逐渐淡化学生角色意识，掌握进行角色转换所需的知识和能力。

2.掌握规范，进入角色

社会好比一个大舞台，每个人都有自己的角色。大学生进入工作单位后，首先要进行角色学习，积极参加单位组织的入职培训，掌握职业人角色技能的基本要求，明确职业人角色期望，并按照职业人角色与学生角色存在的差距进行针对性的训练。其次要弄清楚职业人角色的权利性规范、义务性规范和禁止性规范等基本要求，明确职业人的权利、义务和应承担的相应责任。此外，大学生还应通过观察或咨询的方式，掌握未来可能从事的某一具体职业的一般特点和基本要求。

3.积极热情，主动适应

大学毕业生要积极热情地投入到实际工作中去，主动去适应工作，努力获得他人或组织的认可。在职业活动中，要安心本职，脚踏实地，吃苦耐劳；要从小事、琐事做起；要耐得住寂寞，经得住考验；要虚心求教，向领导、同事学习，向实践学习，向书本学习，不断更新和完善自己的智能结构，不断提高自己的素质和能力。

总之，即将进入职场的大学生应积极调整心态，勇敢面对挫折，虚心学习求教，尽快实现角色转变。人的一生会经历若干次的角色转变，每一阶段的角色所赋予的内容和要求都是不一样的。我们只有积极适应每一次的角色转变，才能更好地经营自己的人生，最大限度地实现自己的人生价值。

第五章　大学生就业新选择——创业

第一节　大学生创业的意义

一、大学生创业对社会的意义

创业是创业者及创业搭档对他们拥有的资源或通过努力对能够拥有的资源进行优化整合，从而创造出更大经济或社会价值的过程。大学生创业是一种以在校大学生和毕业大学生等特殊群体为创业主体的创业过程。随着我国经济结构转型进程的加快以及社会就业压力的不断加剧，创业逐渐成为在校大学生和毕业大学生的一种职业选择。大学生作为我国的年轻高级知识人群，有着较为丰富的知识储备和相较于其他高级知识分子所欠缺的创造力，是适合在我国规划的创业主要人群。

近年来，社会开始关注青年愿望，帮助青年发展，支持青年创业，不少地方加大了对高校毕业生自主创业的支持力度，完善促进创业的政策，为创业提供更有利的条件，为青年搭建更广阔的舞台。很多大学毕业生锐意进取，在创业中焕发出更加夺目的青春光彩。

就整个社会而言，大学生创业不仅可以缓解就业压力，而且还可以推动社会进步，增强经济活力，加速科技创新。

（一）大学生创业是社会进步的推动器

在致 2013 年全球创业周中国站活动组委会的贺信中，习近平指出："创业是推动经济社会发展、改善民生的重要途径。"任何时代，社会的发展都是第一要务，是稳定器，而创业是引领发展的第一动力，是推动社会进步的利器。我们要把创业摆在社会发展的核心地位，不断促进各领域创业，尤其是大学生创业，形成一股力量，让创业精神发散到社会的每个角落，形成全民创业的强大动力。

（二）大学生创业是科技创新的加速器

创新是创业的主要驱动力量，大学生创业是新理论、新技术、新知识、新制度的孵化器，也是新理论、新技术、新知识、新制度形成现实生产力的转化器。

就我国来说，当前中国经济结构调整的重点是发展高新技术产业和进行传统产业的升级改造。科技进步和产业转型升级为各国青年创新创业提供了重要机遇。积极鼓励和支持大学生创业成才，有利于激发全社会创新潜能。可以说，大学生创业是科技创新的加速器

（三）大学生创业促进了全新成才观的形成

习惯思维告诉我们，大学生的路应该这样走：安安心心读书，大学毕业后，找一家中意的单位谋求发展。大多数大学生压根儿就没想过自己去建立公司。大学生创业观的出现，给传统的成才观造成了猛烈的冲击。在新的社会环境中，大学生对未来的选择日趋多元化，创业也是大学生不错的就业选择，这势必对大学生的学习生活产生深远的影响。

2021 年国务院办公厅发布的《国务院办公厅关于进一步支持大学生创新

创业的指导意见》（国办发〔2021〕35号）中指出：要深化高校创新创业教育改革，将创新创业教育贯穿人才培养全过程，建立以创新创业为导向的新型人才培养模式。强化高校教师创新创业教育教学能力和素养培训，改革教学方法和考核方式。加强大学生创新创业培训，打造一批高校创新创业培训活动品牌。完善中国国际"互联网＋"大学生创新创业大赛可持续发展机制，鼓励各学段学生积极参赛。坚持政府引导、公益支持，支持行业企业深化赛事合作，拓宽办赛资金筹措渠道，适当增加大赛冠名赞助经费额度。

可以这样说，虽然最终选择自主创业的大学生只是少数，但通过创业教育使大学生树立创业意识比创业本身更有意义。因为在创业意识的推动下，大学生将更加重视自身素质的完善和提高。

（四）大学生创业有助于为国家造就一批年轻的企业管理人才

大学生创业的艰苦过程，不仅磨炼了创业者的意志品质，还培养了创业者的市场观念，训练了他们的决策管理能力，锻炼和提高了他们自身的素质，从而有助于为国家造就一批年轻的企业管理人才。

二、大学生创业对个人的意义

创业是实现人生理想和价值、获得自身全面发展的有效途径。大学生创业对其自身来说具有以下重要意义：

（一）充分发挥自己的才能

许多上班族之所以感到厌倦、积极性不高，其中一个重要原因是个人的创意得不到肯定，个人的才能无法充分发挥，工作缺乏成就感。而自主创业则有助于个人摆脱种种羁绊，充分施展自己的才华，发挥自己的最大潜能。

（二）利于财富积累

工薪阶层的工资即使再高，也是有限的，想改变自己的生活条件往往较为困难。这就造成了人们的"金钱枷锁"，而创业则有助于积累财富。

（三）享受过程，激励人生

在创业过程中，创业者会时刻面临诸多困难和挑战，也会发现很多机遇。通过不断战胜这些困难和挑战，创业者将会变得更加坚强、自信，从而体会到工作、生活的美好。总之，创业是实现人生理想和价值、获得自身全面发展的有效途径。

第二节　创业机会的识别

一、创业机会概述

（一）创业机会的概念

关于创业机会的概念，不同的学者有不同的看法。有的学者认为，创业机会是可以为购买者或使用者创造或增加价值的产品或服务，它具有吸引力、持久性和适时性。有的学者认为，创业机会是可以引入新产品、新服务、新原材料和新组织方式，并能以高于成本价出售的情况。有的学者认为，创业机会是一种新的"目的-手段"关系，它能为经济活动引入新产品、新服务、新原材料、新市场或新组织方式。

综上所述，笔者认为，创业机会主要是指具有较强吸引力的、较为持久的、有利于创业的商业机会，创业者据此可以为客户提供有价值的产品或服务，并同时使创业者自身获益。

从本质上来说，创业机会是一个动态发展的概念。创业者精确界定了市场需求的概念后，用"潜在的用途"来定义没有得到利用或充分利用的资源，创业机会产生于其最基本的形式中，经过不断发展，成为一个商业概念。如何满足市场需求或如何利用资源是这一概念的核心。

随着商业概念的不断成熟，创业机会已经成了一种典型的商业模型。从市场需求视角来看，通过这个模型可以将满足市场所需资源的类型和数量等确定下来。于是，创业机会这个商业模型中融入了越来越多的因素，如正式的现金流、活动日程安排和资源的需求等。这些因素使创业机会从一个商业概念变成完整的商业计划。理论上来讲，创业机会从最初的概念发展为商业计划，经历了有序的系统化过程，但在实践中，有序或完全系统化的因素很少。随着创业者的深入开发，创业机会的概念将得到进一步演化与发展。

（二）创业机会的特征

1.普遍性

客观上来说，创业机会存在于所有市场，各种经营活动过程中普遍存在创业机会。

2.消逝性

创业机会存在于一定时空范围内，随着创业机会形成条件的不断变化，创业机会相应消逝。

3.偶然性

企业发现与捕捉创业机会都带有鲜明的不确定性,任何创业机会的产生都伴随着意料之外的因素。

(三) 创业机会的来源

创业机会大都产生于不断变化的市场环境,环境变化了,市场需求、市场结构必然发生变化。著名管理大师彼得·德鲁克将创业者定义为那些能"寻找变化,并积极反应,把它当作机会充分利用起来的人"。这种变化主要来自产业结构的变动、消费结构升级、城市化加速、人口思想观念的变化、政府政策的变化、人口结构的变化、居民收入水平提高、全球化趋势等方面。比如居民收入水平提高,私人轿车的数量不断增加,这就会派生出汽车销售、修理、配件、清洁、装潢、二手车交易等诸多创业机会。

创业者要想创业,首先要学会通过各种有效的途径寻找创业机会。

一般来说,创业机会主要来源于以下几个方面:

1.从他人的成功经验中寻找灵感

许多创业者有创业梦想,但不知从哪儿入手。创业活动的开展离不开好的机会,创业者开展创业活动并创造价值的前提是正确识别创业机会,创业者可从别人的成功创业经验中寻找创业灵感。

2.创造机会

任何一个创业者都要学会创造机会,要善于观察,勤于发现,善于发挥自己的创造力,为自己创造创业机会。

3.从事物的变化中挖掘机会

当今世界在不断变化与发展,各类事物也都在推陈出新、更新换代,如软件升级、产品更新、服务改善等。变化就意味着会有更多的机会。各行各业在不断变化的社会环境中面临越来越多的发展机会。透过这些变化，如人口结构的变化、价值观的改变、科技的进步、产业结构的调整、通信手段的革新等，人们往往能够发现新的创业机会。

此外，追求"负面"也能够发掘一些机会。追求"负面"是指对大家"苦恼、困扰的事"予以关注。人们总会迫不及待地想办法解决苦恼、困扰，如果可以向这些人提供解决办法，就可以抓住创业机会。例如，现在很多父母没有时间照顾小孩，于是托儿所就出现了，这就说明从"负面"中也能够找到创业机会。

4.从细节中发现创业机会

有些机会往往容易被人忽视，如果创业者可以注意到别人注意不到的细节，可能会发现新的创业机会。

二、创业机会的识别方法

创业机会识别是创业领域的关键问题之一。从创业过程角度来说，它是创业的起点。创业过程就是围绕着机会进行识别、开发、利用的过程。识别正确的创业机会是创业者应当具备的重要技能。创业机会的识别方法如下：

（一）通过问题分析发现创业机会

找出个人或组织的需求以及他们面临的问题，这些需求和问题明确也可、含蓄也可，对其分析都有助于识别创业机会。对创业者来说，对问题进行有效的分析是识别创业机会的重要基础。

（二）通过系统分析发现创业机会

实际上，通过系统分析可以发现很多创业机会，多数创业机会可以由创业者通过系统分析来识别。创业者可以从企业的宏观环境（政治、经济、法律、技术变革等方面）和微观环境（顾客、竞争对手、供应商等）的变化中识别创业机会。借助于市场调研，从环境变化中挖掘机会，是机会识别的重要途径。

（三）通过顾客建议发现创业机会

创业者要善于向顾客征求意见，倾听顾客的想法，这很有可能识别出新的创业机会。不同的顾客会提出很多不同的建议，如"如果那样不是会更好吗"之类的建议，留意这些建议有助于发现创业机会。

（四）通过创造获得创业机会

通过创造获得创业机会的方法与其他方式相比，难度更大，风险也更高。同时，如果能够通过创造获得创业机会，利用创业机会，将会有很大的回报。这种情况下，创新居于主导地位。

发现创业机会并不容易，但也不是遥不可及。在日常生活中，创业者要有意识地通过实践培养自己以下几个方面的能力：

第一，培养市场调研的好习惯。深入市场进行调研是创业者发现创业机会的重要途径。通过调查与研究，对市场供求状况、变化趋势、顾客需求满足情况及竞争对手的情况进行了解，有助于发现创业机会。

第二，多看、多听、多想。每个人的知识、经验、思维都是有限的，在市场调研中，要做到面面俱到是不可能的。多看、多听、多想是广泛获取信息的主要途径，创业者可以借鉴别人的经验，从别人的阅历中汲取营养，从而发现创业机会。在寻找创业机会和方向的过程中，创业者也要做好日常积累。

第三，拒绝人云亦云，要有独到的见解。机会常常被少数人抓住，创业者要想抓住创业机会，就要克服从众心理和传统的习惯思维的束缚，相信自己，有独立见解，不能人云亦云，不能轻易为别人的观点、看法所左右，这样才能发现和抓住被别人忽视的机会。

第三节　创业项目的选择

一、创业项目的分析

许多创业者都会面临一个问题，那就是为什么其他创业企业可以拿到融资，而自己却拿不到。可以说，融资是创业的基础与前提，创业者要想顺利拿到融资，必须站在投资人的角度并对他们的心理进行了解与分析，从而吸引投资人的注意。一般来说，分析一个创业项目，可以从以下几个维度着手：

（一）市场大小

一般从以下三个方面分析创业项目的市场大小：

第一，存量大小。存量大小指的是市场规模。

第二，增量大小。增量大小指的是市场未来的规模及延展性。

第三，增长速度。市场本身很大，而且是增量市场，在高速增长。

（二）团队强弱

创业者启动一个创业项目时往往需要找投资人，而创业团队的强弱是投资者非常看重的一点。团队强与弱是相对的，是根据项目本身的方向及创业模式判断的。要看一个团队是强还是弱，主要从以下几个指标出发：

第一，创业者自身情况，如经历、创业经验等。

第二，创业团队成员的搭配。

第三，团队成员之间的关系等。

（三）模式轻重

模式轻重是指一个项目，它所采取的模式需要投入资源的程度。以京东和淘宝为例来看，京东有专门的仓储物流，淘宝只有平台，所以前者模式重，后者模式轻。判断模式的好坏，主要是看产品质量。一般而言，模式轻的创业项目投入少、复制快；模式重的创业项目投入多、复制慢。判断哪种模式好，主要是看客户体验的满意度。不论是哪种模式，都是一个动态的过程，会不断变化，这也是创业者需要注意的。

（四）频率高低

分析创业项目时，用户使用产品或服务的频率高低是一个重要参考指标。用户使用产品或服务的频率高表明该产品或服务客户黏性好，用户容易接受。当然，不能以此来评价所有的产品或服务。

在分析创业项目时，可参考以上四个方面，但并不是说从这四个方面出发就能对一个创业项目作全面的分析，还需要从其他方面着手，如商业模式是否稳定、竞争环境如何等。因此，专业投资人对创业项目进行分析的过程也是一个特殊的认知过程，是循环往复的，往往要经过采集、整理、调查、研究、总结等环节。创业者必须学会站在投资人的角度思考、分析项目。

二、创业项目的选择原则

创业者成功创业的基础是对合适的创业项目进行正确选择。每位创业者对于项目选择的重要性都非常了解，可是不知道该如何正确选择创业项目。创业者选择创业项目时，必须贯彻如下几个原则：

（一）政策性原则

创业是在国家法律以及相关产业政策的大环境下进行的，受国家法律及相关政策的影响和调控。国家对于有些领域是明令禁止的，如制毒贩毒、军火的生产和经营、非法传销等；有些领域是有准入限制条件的，如药品、烟草等；有些行业是有资质限制的，如大型的建筑安装工程、矿山开采等；有些领域是大力支持和鼓励的，如文化产业、高新技术产业等。因此，选择创业项目时，要以国家政策和法律为依据，不能选择法律限制或禁止的项目，应选择国家产业政策鼓励、支持的产业或项目。符合国家产业政策的项目往往可以享受更多优惠条件，并得到相关部门和政策的扶持。

此外，创业者还需要清楚当地政府出台的相关优惠政策，如税收优惠、贷款优惠等。

（二）市场原则

创业项目的选择应该符合社会需求，顺应市场发展方向。需求不足的市场意味着市场中竞争加剧，此时进入则风险过高。需求旺盛的市场能给创业项目带来广阔的发展空间，使创业者更易获得成功。因此，创业者应进行充分的市场调研，了解当前市场需求，以市场需求为导向，选择创业项目。

（三）效益原则

效益原则指的是投资项目的投入产出比较高，即投资要注意回报率的高低。创业投资不能盲目，创业项目必须要具有较高的可行性。

（四）独特原则

创业企业要在市场竞争中立足，必须有所创新，创业项目的选择也一定要有创新性。项目创新不一定是要开创全新的项目，更多的创新是在已有项目的基础上进行改良。找到具有一定先进性并在某些方面具有独特优势的项目，平衡创新难度和企业发展速度，对于企业之后的发展至关重要。

（五）量力而行原则

在创业这个风险投资过程中，创业者想要稳定创业，就必须遵守量力而行的原则。如果资金有限或创业资金来之不易，创业者就应该尽量对风险大的创业项目加以规避，选择投资风险、规模较小的创业项目，从小做起，循序渐进。

（六）充分利用优势的原则

在创业中，创业者应将自己熟悉并拥有资源优势的项目作为主要选择，不要盲目追求社会经济热点，以免决策失误，造成资源浪费。同时，创业者要将自身优势充分发挥出来，积极主动地与当地资源沟通，通过自身的能力建立优秀的管理团队，做好财务管理、人力资源管理等，并完善制度规范。创业者如果可以将自己的长处和优势充分发挥出来，并选择自己熟悉的行业，创业的成功率往往会有所提高。

创业者在选择创业项目时，要坚持上面几项原则，以创业项目选择条件和程序要求为依据来寻找机会，将创业项目确定下来，从而实现自己的梦想。

三、创业项目的选择步骤

创业项目选择是创业中的一个十分重要的问题。一个好的创业项目，在一定程度上影响和决定了创业企业的成功与发展。创业者可选择的创业项目有许多，但从中选出一个适合自己的项目并不是一件容易的事。选择的创业项目对以后的投资又有着举足轻重的影响。因此，对于创业项目的选择既要慎重、全面考虑，又要遵循一定的步骤。创业项目选择应当遵循如下步骤：

（一）进行市场分析

在某些情况下，创业项目的选择可以说是从市场分析开始的。因此，准确的市场分析是选好创业项目的前提。可靠的市场容量和增长速度可以为创业者带来商机，相反也能给创业者带来不好的影响。创业项目的市场分析主要包括三个部分：行业环境分析、目标市场分析、竞争对手分析。

1.行业环境分析

行业环境分析有很多方法，常用的有波特五力模型，五种力量分别为同行业内现有竞争者的竞争能力、潜在竞争者进入的能力、替代品的替代能力、供应商的讨价还价能力与购买者的议价能力。通过分析能大致了解行业概况，预测行业发展趋势，并得知新事业在市场中的地位以及可能遭遇的竞争对手的反击程度。

2.目标市场分析

目标市场分析首先必须确定市场细分的标准。对于个人消费者，一般的标准有年龄、性别、家庭人数、收入、地理区域等。对于单位客户，一般的细分标准有行业、地区、规模、利润、购买目的、产品性能等。确定细分的目标市场后，就可以制作调查问卷。简单的调查问卷一般包括两部分：基本信息部分和深入问卷部分。个人消费者基本信息部分的内容可以包括姓名、住址、联系电话、年龄、性别、婚姻状况、家庭构成、收入和可支配收入、职业、教育程度、宗教信仰、性格特征等。单位客户的基本信息可以包括行业、地址、销售额、利润、员工数、主要产品或服务、现有供应商、购买决策者等。制作调查问卷之前可结合行业分析试访几个潜在客户，以便使问卷更具可信度。

3.竞争对手分析

对竞争对手的调查既有助于创业者摸清对手的情况，使创业者从中学习其长处，从而提高新建企业的能力。创业者要想击败对手，必须确切地知道对手的产品、研发能力和技术储备、目标市场及营销策略、目前的盈利状况和潜力、核心竞争能力、技术人员和管理人员、生产设备和生产能力、供货商情况、采取的战略、销售渠道及销售系统、主要客户以及主要客户对他们的产品评价、忠诚度等。有了竞争对手的这些信息，创业者就能有针对性地进行 SWOT 分析，制定专门的对策迎接市场竞争。

（二）进行财务评价

选择起步项目必须关心它可能形成的财务效益。财务评价是对过去财务状况的总结分析和对未来状况的预测。对过去的财务分析主要是研究企业的财务状况和财务方面的能力，它的重要度相对低一些。而对项目未来财务效果的预测，主要是通过对项目的未来收益进行预测，看项目是否能够给投资者带来回报以及回报的多少，其重点是项目的预期收益。对企业的预期收益评价主要是预测投资的回报率，这也是风险投资家最关心的问题。对未来收益的预期通常有一个比较长的时间，鉴于风险投资的投资期限一般为3~7年，因此对项目未来收益的预测一般以 5 年为预测区间进行定量预测。

（三）进行产品与技术评价

创业投资项目的产品与技术评价主要包括以下几个方面：

1.产品的创新程度及独特性

产品的创新程度评价主要考察相对于原有产品的创新情况，看其功能是否有所增强、性能是否有所改善以及能否更好地满足用户需求。产品的独特性评价主要看产品是否具有独一无二的特点，市场上是否存在同类产品以及是否难以仿制。

2.技术的先进性

技术的先进性可以用三个方面的指标来衡量，即技术功能指标、技术性能指标和技术消耗指标。技术功能指标是否先进直接决定着产品的功能水平。由于产品功能是通过技术功能实现的，顾客买的是功能、解决方案，因此一定要保证顾客获得先进的技术功能。技术性能指标是否先进主要表现为技术参数是否先进，是不是采用了目前最先进的技术。技术消耗指标是否先进主要是指实现技术功能、技术性能的各类消耗水平。技术实现对消耗的要求可能很高，降低消耗就意味着节约成本，因此技术消耗指标的先进是技术先进的一个重要表现。

3.技术的可靠性

技术的可靠性体现在核心技术的成熟性、技术整体的配套性、技术风险大小等三个方面。核心技术的成熟性主要是看技术效果的稳定性和产品的均一性，以及核心技术是否经过工业性试验。技术整体的配套性主要是看一项工业生产中所用的所有技术是否配套。如果所有的技术都很先进，但是在共同使用过程中却不能协调配套，那么这样的技术组合就是失败的。技术的风险性是由于新思想与新技术本身的先天不足（技术不成熟、不完善）以及替代性新技术的出现时间短等原因所带来的风险。此外，还有制造技术和使用技术的不确定性所带来的风险。

4.技术的成熟度

考察所采用技术的成熟程度，一般是审视拟用生产技术是否经过小试、中试的检验。通过这些检验，既可以评价相应技术的优异程度，也可以发现某些技术环节的缺陷。由于技术的成熟性决定生产环节的技术风险大小，所以企业只有使用成熟的生产技术去制造产品才可以避免创业之初的某些致命缺陷。

5.拟用技术的规模经济性

新企业要想在项目开始起步时就在市场上占得一席之地，并迅速成长起来，就必须考虑拟用技术的规模经济性。为此，要测算三个重要指标，即盈亏平衡产量、利润最大化的最佳产量和特定设计与设备条件下预期可能的产量。需要注意的是，如果预期实际产量达不到盈亏平衡产量，企业必然是亏损的；如果预期实际产量达不到最佳产量，那么企业将得不到最大利润。

6.特定产品项目的投入要求和生产许可

一般而言，推动任何产品项目，创业者总需要投入一定量的生产资金，需要得到政府有关部门的生产许可。而在企业初创阶段，创业者往往缺乏资金。创业者应对此多加注意。

（四）选择营销方式、经营地点、网络关系

创业者要推动一项创业活动，在正确选择可进入的行业和起步项目的前提下，需要恰当地选择营销方式、经营地点和营销网络。

营销方式是行业特点、企业特点、产品特点、用户特点的反映，创业者需要根据本项目的具体特点选择恰当的营销方式。初创企业必须有自己合法的经营地点。选择经营地点时一般需考虑以下几点：一是企业所在行业的特点及技术特点，二是不同地区的政策差异，三是不同地区的文化差异，四是不同地区

的费用差异，五是企业对外联系与用户光顾的方便性。一旦决定创业，就应注重建立必要的网络关系，即需要与未来的同行企业、配套企业、投资机构、用户等建立联系，需要与工商、税务、金融、科研等机构建立联系。一般而言，这需要从企业的长期生存与发展实际出发，充分考虑外部组织与所创企业的紧密联系。

（五）进行风险评估并设计退出方式

第一，进行风险评估。在对创业投资项目进行风险评估时，需将定性分析与定量分析结合起来，通过系统而充分的考虑，定性分析出与项目有关的各种不确定因素及其概率分布，并在项目多方案比较和选择的不同条件下，定量分析出与项目有关的各种因素的变化对项目投资效果产生的影响。在具体进行评价的时候，需要注意四点：一是以对技术和产品的评价为基础，二是把对团队和管理的评价作为评估的关键，三是以获取高额回报为目标，四是要特别注重对政策环境、人文环境等全方位风险因素的分析。

第二，设计退出方式。创业投资的目的不在于对被投资企业股份的占有和控制，而是在企业做大后将资产变现从而获取收益，因此退出方式是创业投资者在评估项目时考察的一个重要指标。对这一指标考察的重点是评估企业提出的退出依据是否可靠、最可能的退出方式及各种方式的可能性程度、合同条款中有无保护投资权益的财务条款及财产保全措施等。

四、大学生创业方向及项目选择

大学生创业要从自身特点出发，找准"落脚点"，下面几个领域可供创业的大学生参考：

（一）高新技术领域

有些大学生身处高科技前沿阵地，可选择在高新技术领域进行创业，如视美乐这一大学生创业企业的成功，就是得益于创业者自身的技术优势。但并非所有的大学生都适合在高新技术领域创业。一般来说，技术功底深厚、学科成绩优秀的大学生较有成功的把握。有意在这一领域创业的大学生，可积极参加各类创业大赛，获得脱颖而出的机会，同时吸引风险投资。这类项目常见的有软件开发、网页制作、手机游戏开发等。

（二）连锁加盟领域

相关统计数据显示，在相同的经营领域，加盟创业的成功率达 80%，而个人的创业成功率却低于 20%。

大学生创业资源相对有限，为了以较少的投资实现自主创业，可借助连锁加盟的品牌、技术、营销、设施等资源条件。但连锁加盟并非完全没有风险，现在经济市场鱼龙混杂，大学生阅历浅，所以选择加盟项目时要注意风险。

一般来说，启动资金少、人手配备要求较低的加盟项目更适合资金实力较弱的大学生创业者，也就是说，大学生刚开始可以做小本经营。此外，运营时间超过 5 年、拥有加盟店至少 10 家的成熟品牌更可靠，风险也相对较低，大学生可优先选择加盟这类项目。

（三）智力服务领域

大学生创业，智力是资本，智力水平高的大学生适合在智力服务领域创业。利用智力优势服务的项目有：家教服务中心、设计工作室、翻译事务所等。一方面，这些项目一般是大学生勤工俭学的主要内容，学生积累了一定的经验；另一方面，大学生可以将高校教育资源充分利用起来，发挥自己的优势。这类智力服务创业项目成本较低，基础设施要求不高。

（四）开店

现在，大学生开店已经非常普遍了，一方面能够将高校的学生顾客资源充分利用起来；另一方面，因为对同龄人的消费习惯比较熟悉，所以入门相对简单，主要靠物美价廉吸引消费者。此外，因为大学生资金有限，繁华地段的店面租金较贵，所以一般都选择较偏的店面，因此必须做好宣传与推广工作。

第四节 创业资源的整合

一、创业资源的概念与类型

（一）创业资源的概念

创业资源是指新创企业在创造价值的过程中需要的特定资产，包括有形与无形的资产，它是新创企业创立和运营的必要条件，主要表现形式为：创业人才、创业资本、创业机会、创业技术和创业管理等。

（二）创业资源的种类

创业者获取创业资源的最终目的是组织这些资源追逐并实现创业机会，提高创业绩效和获得创业的成功。按照对企业发展的作用，创业资源可分为以下两类：

1.要素资源

直接参与企业生产、经营活动的资源就是要素资源，要素资源主要有以下几种：

（1）资金资源

资金资源主要包括银行贷款和风险投资、政府政策性低息贷款或扶持基金等。

（2）场地资源

场地资源主要包括经营场地内部基础设施建设、周边交通和生活配套设施、物业管理和商务中心、计算机通信系统等。

（3）人才资源

人才资源主要包括引进的高级科技人才和管理人才、高水平专家顾问队伍、聘用及培训的员工等。

（4）科技资源

科技资源主要包括产品开发时需要的专业化科技试验平台、关于企业产品的科技成果、相关研究所和高校科研力量的帮助等。

（5）管理资源

管理资源主要包括正规化企业管理咨询、市场营销策划等。

2.环境资源

没有直接参与企业生产与经营管理，但客观存在，并对企业运营有促进作用的有效资源就是环境资源。环境资源主要有以下几种：

（1）政策资源

政策资源主要包括鼓励大学生创业的政策、鼓励科研人员创新创业的政策等。

（2）品牌资源

品牌资源主要包括优秀企业的品牌、科技园的品牌、社会上影响力大的人物对企业的认可等。

（3）信息资源

信息资源主要包括展销会宣传和推广信息、采购和销售网络渠道信息、中介合作信息等。

（4）文化资源

文化资源主要包括优秀企业间相互学习和交流、相互合作和支持以及相互追赶和超越的文化氛围等。

二、创业资源的获取途径

（一）技术资源的获取

技术资源的获取途径有以下三种：①企业自己研发技术；②购买他人的成熟技术；③吸引技术持有者。

大学生对各高校实验室、教师或学生的研发成果应随时给予关注，积极进行各种专利申请，养成浏览科技报道、关注科技信息、留意科技成果的好习惯，从而从中发现巨大商机。大学生获取这些信息的渠道主要有政府机构、专业信息机构、同行企业、新闻媒体、图书馆、大学研究机构等，大学生需从自己的实际情况出发，将其中一种或多种方式作为自己的信息获取渠道，及时把握重要信息。

（二）营销网络的获取

营销网络可促进新企业产品或服务走向市场。一般而言，初创企业可通过以下途径获取营销网络：①借用他人的营销网络，使用公共流通渠道；②自建营销网络，并与他人的营销网络相结合，取长补短。

（三）人力资源的获取

这里的人力资源指的是创业者及其团队拥有的知识、技能、商务网络、人际关系、经验等，而非企业成立后需招聘的员工。大学生在创业前，如果各方面条件允许，可以做一些产品的校园或地区代理，如热水袋、牛奶、手机卡等微不足道的产品。这样不仅可以勤工俭学，还能丰富自己的市场知识和经验，锻炼自己的组织和管理能力。

大学生在校期间也可以考虑进入企业实习，借助这一机会学习行业知识、积累人脉，对企业运作的经验、开拓市场的方法加以学习，对盈利模式有基本的了解。

为了创业成功，大学生毕业后可先到一个公司工作。对于公司的选择，应从自己的个人情况和创业方向出发来考虑，为以后的创业学习知识、积累经验、打好基础，以便将来创业可以把自己的学习所得发挥到实处。

三、创业资源的整合策略

（一）尽可能多地发现和确定可供整合的资源提供者

寻找可以提供资源的对象是整合资源的前提。因此要找到政府、大企业等拥有丰富资源的资源提供者，但对大学生来说，这是比较困难的。大学生要尽量多找潜在的资源提供者。

（二）认真分析潜在资源提供者的利益

商业活动以利益为主，要进行资源整合，需要认真分析潜在资源提供者的利益。表面上看，潜在资源提供者各自的目的不同，利益诉求也不同，其实，这些潜在资源提供者是有一定的共同利益的。创业者可找到共同利益，使这些潜在资源提供者成为利益相关者。

（三）让对方先赢自己再赢的整合机制

整合资源需要合作，合作可达到双赢甚至共赢的效果。合作总有个开始，如果没有合作基础，就很难达到双赢的目的。不妨让对方先赢，从而换取对方的信任。

（四）注重沟通

对于任何一个创业者来说，要整合资源，沟通都是非常重要的。资源有很多种，如有形资源和无形资源、物质资源和非物质资源。创业者能否创业成功，与自身所具备的资源有很大的关系，如知识结构、专长、沟通能力、组织管理才能、社会关系网络、市场和顾客需求的洞察能力等。创业者要注重沟通，从而实现资金、人力和物力等资源的整合，为创业活动的开展奠定良好的基础。

在经济全球化背景下，资源是流动的。创业者要注重资源整合，打破空间、制度和组织等的限制，整合创业资源，兼顾各方利益，达到多赢、共赢。

四、初创企业的资金来源

创业者在创业初期，可能无法准确把握整个计划，同时潜在投资者也需要一段时间来评估该企业。所以，创业者刚开始多以自有资金来支撑。

进入创业期后，创业者经过创业构想的试验及重整，对外募集资金，创业投资者、天使投资人、银行以及中小企业创业基金都是其募资的主要对象。创业者此时要认真考虑公司本身的情况，如资金控制权等，在此基础上募集资金。

经过一段时间的经营，公司逐渐步入成长期。这时，创业者还需要继续筹集资金，以满足公司发展的需求。

大学生创业，最基本、最关键的因素是资金，而刚毕业的大学生往往没有积蓄，因此要想办法筹措资金，也就是要想办法融资。大学生可用的融资方法主要有以下几种：

（一）家庭融资

大学生在创业初期离不开家庭的支持，如果父母或者亲戚可以为大学生提供一笔资金，将会解决大学生创业的首要难题。

（二）朋友融资

对于初创业的大学生来说，可以先组建创业团队，共同筹资。与志向相投的朋友共同创业是个不错的选择。

（三）节流

大学生在创业初期，花每"一分钱"都要精打细算，不要浪费，铺张浪费是做企业最忌讳的。大学生要尊重自己的劳动所得，注重节流。

（四）商业银行贷款

大学生如果可以选择好的创业项目，并设计一份有说服力的创业计划书，也有可能拿到商业银行的贷款。

（五）先就业，再创业

大学生可以先就业，学习知识、积累资金和经验，之后再创业。这样，也在一定程度上提高了大学生创业的成功率。

第五节 创业风险的规避

一、创业风险的概念及分类

（一）创业风险的概念

创业风险是来自与创业活动有关因素的不确定性。在创业过程中，创业者要投入大量的人力、物力和财力，要引入和采用各种新的生产要素与市场资源，要新建或变革现有的组织结构、管理体制、业务流程、工作方法。在这一过程中，必然会遇到各种意想不到的情况和各种困难，从而有可能使结果偏离创业的预期目标。

（二）创业风险的分类

创业风险根据不同的标准，可以分为不同的类型：

第一，按主客观性划分，创业风险可分为主观创业风险和客观创业风险。主观创业风险是指在创业阶段，由于创业者的身体与心理素质等主观方面的因素导致创业失败的可能性。客观创业风险是指在创业阶段，由于客观因素导致创业失败的可能性，如市场的变动、政策的变化等。

第二，按内容划分，创业风险可分为技术风险、市场风险、政治风险、管理风险、生产风险和经济风险。技术风险是指由于技术方面的因素及其变化的不确定性而导致创业失败的可能性。市场风险是指由于市场情况的不确定性导致创业者或创业企业损失的可能性。政治风险是指由于战争、国际关系变化或有关国家政权更迭、政策改变而导致创业者或创业企业蒙受损失的可能性。管理风险，是指因企业管理不善产生的风险。生产风险是指创业企业提供的产品或服务从小批试制到大批生产的风险。经济风险是指由于宏观经济环境发生大幅度波动或调整而使创业者或创业投资者蒙受损失的风险。

第三，按风险对创业投资的影响程度划分，创业风险可分为安全性风险、收益性风险和流动性风险。创业投资的投资方包括专业投资者与投入自身财产的创业者。安全性风险，是指从创业投资的安全性角度来看，不仅预期实际收益有损失的可能，而且专业投资者与创业者自身投入的其他财产也可能蒙受损失，即投资方财产的安全存在危险。收益性风险，是指创业企业投资方的资本和其他财产不会蒙受损失，但预期实际收益有损失的可能性。流动性风险，是指投资方的资本、其他财产以及预期实际收益不会蒙受损失，但资金有可能不能按期转移或支付，造成资金运营的停滞，使投资方蒙受损失的可能性。

二、创业风险的来源

创业风险的来源主要表现为以下三个方面：①创业机会与创业企业复杂；②创业环境不确定；③创业者、创业团队与创业投资者的能力与实力有限。

创业过程中，存在几个相互联系的缺口，创业风险往往直接来源于这些缺口。

（一）研究缺口

研究缺口主要存在于仅凭个人兴趣所做的研究判断和基于市场潜力所做

的商业判断之间。当一个创业者最初证明一个特定的科学突破或技术突破可能成为商业产品时，他仅停留在自己满意的论证程度上。在将预想的产品真正转化为商业产品，并使其能从市场竞争中生存下来的过程中，需要大量复杂而且可能耗资巨大的研究工作，从而形成创业风险。

（二）融资缺口

融资缺口存在于学术支持和商业支持之间，是研究基金和投资基金之间存在的断层。通常，个人、政府机构或公司研究机构是研究资金的主要来源，既对概念的创建予以支持，还对概念可行性的最初证实予以支持。创业者对自己构想的可行性进行论证，但往往缺少将其实现商品化的充足资金，从而使创业面临风险。一般来说，愿意鼓励创业者跨越这个缺口的只有极少数基金，如政府资助计划等。

（三）资源缺口

资源与创业者之间的关系非常密切，没有了资源，创业者的创业构想也就无从实现。创业者在大多数情况下不可能拥有创业所需的全部资源，资源缺口的问题对创业者来说是一个很大的挑战。如果创业者缺乏弥补相应资源缺口的能力，那么将难以进行创业。

（四）信息和信任缺口

信息和信任缺口存在于技术专家和管理者（投资者）之间。在创业中，存在技术专家和管理者（投资者）这两种不同类型的人。这两种人接受的教育不同，对创业的预期也不同。技术专家往往较为了解哪些内容是科学的、在技术上是可行的，哪些内容是根本无法实现的，等等。在失败的创业案例中，技术专家要承担学术和声誉上受到不良影响的风险，以及金钱回报率低的风险。管理者（投资者）对新产品引进市场的程序通常比较了解，但如果关系到具体项目的技术部分，他们还要依赖技术专家。如果技术专家和管理者（投资者）互相不信任，或者交流有问题，那么信任缺口将会给初创企业带来很大的风险。

（五）管理缺口

管理缺口是指创业者的经营管理才能并不出色。大学生创业活动主要有以下两种管理缺口：

第一，创业者利用某一项新技术进行创业，他可能精通技术，但不一定具备专业管理才能。

第二，创业者可能总是会发现新的商业机会，但不具备战略规划的才能，或不擅长管理。

三、创业风险的识别

大学生创业初期，可以通过以下几种方法识别创业风险：

（一）业务流程法

以业务流程图的方式，将从原材料采购到给顾客提供产品的全部业务经营过程划分为若干环节，再将更为详尽的作业流程图配到每一环节中，据此确定需要重点预防和处置的环节。

（二）咨询法

向咨询公司或保险代理人咨询，由他们调查和识别风险，将风险管理方案设计出来。

（三）现场观察法

对企业的各种生产经营设施和具体业务活动直接进行观察，以了解和掌握企业面临的各种风险。

（四）财务报表法

通过对财务报表（资产负债表、损益表和现金流量表等）中的每一个会计科目进行分析，分析某一特定企业在什么情况下会有什么潜在风险。任何一个企业的经营活动最终都与商品和资金有关，所以财务报表法是比较直观、准确的识别方法。

四、创业风险的防范

大学生创业者都应重视风险预防，避免造成重大经济损失或给社会带来不良影响。大学生创业者应重点防范那些发生概率大、后果严重的事件。创业风险防范的具体措施有以下几种：

（一）防范开业风险

第一，选择最熟悉的行业创业。

第二，制定切合实际的创业计划。

第三，如果资金不足，不要勉强开始创业，应及时发现和解决问题。

第四，预测资金流时，对收入要谨慎，对支出要留有余地，以在出现意外情况时能够应对。

（二）防范现金风险

第一，对现金状况进行评估。

第二，请教有经验的专家。

第三，搞清楚利润与现金及现金与资产的区别，并对其差额进行分析。

第四，对于用在原材料、制品、成品和清偿债务等方面的短期资金，不要移作固定资产投资。

第五，节约使用现金。

（三）防范市场风险

第一，立足市场及消费者的需求。

第二，杜绝浪费。

第三，时刻关注市场变化，善于把握每次机会。

第四，收集、分析、比较市场信息，并制定有效的市场营销策略。

第五，认知了解竞争对手的情况。

第六，从自身产品特点出发完善销售渠道。

第七，为顾客提供诚信良好的售后服务。

（四）防范财务风险

第一，咨询专家和银行，选择最佳的资金筹措方式。

第二，领导团队适当分工，密切监控和严格防范财务风险。

（五）防范技术风险

第一，综合考虑企业技术能力、资金量和所需时间，科学选择技术获得途径。

第二，若引进技术，则要提前评价要引进技术的先进性、经济性和适用性。

第三，对职工进行技术培训，使员工能熟练操作高科技设备，减少风险损失。

（六）防范人员风险

第一，做好人力资源的管理工作。

第二，不断完善雇员选择标准。

第三，对新雇员情况进行记录并跟踪，熟悉各员工具体情况，充分利用每个员工的才能优势。

第四，要友好对待新雇员，多鼓励新雇员，使其早日适应新环境，进入工作角色。

第五，完善投资方案，促进企业内部凝聚力的不断增强。

第六，完善信息沟通与汇报制度，以充分掌握员工及企业动态。

五、大学生创业风险的规避

创业有高难度性、高风险性及高不确定性，大学生要充分认识创业过程中的风险，同时要学会最大限度地规避风险。

创业风险规避是创业风险应对的一种方法，是指通过计划的变更来消除创业风险或创业风险发生的条件，保护创业免受风险的影响。创业风险规避并不意味着完全消除创业风险，大学生创业者所要规避的是创业风险可能造成的损失。一是要降低损失发生的概率，这主要是采取事先控施；二是要降低损失程度，这主要包括事先控制、事后补救两个方面。

创业风险的规避方法主要有以下几点：避免盲目跟风，避免随意搭伙，杜绝急功近利的心态，提升心理素质与抗打击能力，规避政策带来的风险等。

参 考 文 献

[1] 安冬，张剑桥，范倩.影响大学生就业因素及对策研究[M].北京：中国商务出版社，2019.

[2] 冯乃秋，何莉炜，姚建树.大学毕业生就业质量评估研究[M].秦皇岛：燕山大学出版社有限公司，2021.

[3] 高洪，衣颖，刘昭薇.大学生职业发展与就业指导[M].北京：航空工业出版社，2020.

[4] 李向荣.供给侧结构性改革背景下的大学生就业、创业研究[M].北京：中国商务出版社，2019.

[5] 林燕清，林俊.大学生就业指导[M].北京：北京理工大学出版社，2020.

[6] 刘益迎，李德静.大学生职业生涯规划与就业指导[M].大连：大连海事大学出版社，2020.

[7] 吕春明.职业生涯发展与规划[M].南京：江苏凤凰科学技术出版社，2020.

[8] 汪丽华，李靖.大学生就业指导[M].北京：北京理工大学出版社，2021.

[9] 王凌菲.当代大学生就业、择业新形势研究[M].北京：北京工业大学出版社，2019.

[10] 赵子童.当代大学生就业指导与创业教育研究[M].长春：吉林大学出版社，2020.